COMMENT TRIPLER
SA MÉMOIRE
APRÈS 50 ANS

JEAN DE BRABANT

ISBN 978-2-9807123-1-9

Publié par:

LA MÉMOIRE À VIE, ÉDITEURS INC.
425 avenue Wood, Westmount, H3Y3J3, Québec,
Canada

À Hilary,
Charles, Karina, Alexandre, Antoine, Zachary

Et mes remerciements à
Michelle Tisseyre,
Michelle Ahern Tisseyre,
Peter Duffield,
Carmen Robinson et
Claude Castonguay

pour leur aide précieuse dans la réalisation de cette
œuvre.

Et merci à mon équipe, Alexandre de Brabant pour
la couverture, Antoine de Brabant et son équipe
formée de Tina-Lise Ng et d'Adam Darton pour la
conception et le fonctionnement du site internet
"MAMEMOIRE.NET"

EN GUISE DE PROLOGUE

Mon cher Jean

Il y bien une trentaine d'années, j'étais invité chez toi pour célébrer ton anniversaire. On m'introduisit dans un petit salon où tu étais au piano en train de trouver doucement les accords d'une sonate.

Tu me dis: "j'apprends le piano". Je te félicitai; je trouvais cela courageux.

Quelques années plus tard, alors que soir et matin tu te rendais au bureau en métro, je te demande: "qu'est-ce que tu fais dans le métro?"

Tu me réponds: " J'apprends l'italien". Je te félicitai; je trouvais cela courageux.

Aujourd'hui tu nous proposes un livre où tu chantes les mérites d'une bonne mémoire tout en offrant à tes lecteurs une magnifique anthologie de beaux et grands textes.

Je te félicite encore et souhaite que tes écrits atteignent le but que tu t'es fixé. La mémoire c'est un muscle qu'il faut entraîner sans cesse.

Sans cette mémoire que je cultive, quotidiennement depuis plus de 60 ans, je n'aurais pas pu vivre ma magnifique carrière. Et puis va-t-on laisser l'ordinateur écrire nos mémoires?

Je t'embrasse

Albert Millaire C.C., C.Q., comédien

INTRODUCTION

Comme chacun sait, on perd la mémoire en vieillissant.

Ce livre, basé sur mon expérience personnelle, montre comment, grâce à l'entrainement, on peut améliorer considérablement ses facultés de rétention.

Cette vérité vaut même dans les dernières décennies de la vie, à condition de garder la forme, physique et intellectuelle.

Ma formule est simple: consacrer au moins cinq minutes par jour à mémoriser des vers.

Au départ, cet apprentissage n'avait rien à voir avec la mémoire; Il ne visait qu'un enrichissement culturel.

Sept ans plus tard, je développais un semblant de mémoire photographique.

Cinq ans après, à 68 ans, je me suis aperçu non seulement que j'arrivais à mémoriser mes poèmes trois fois plus vite, mais encore que je les retenais beaucoup plus longtemps.

Aujourd'hui, (nous sommes en août 2009), j'arrive à retenir près de 4,800 vers, que je peux réciter au pied levé, - un peu moins facilement, à vrai dire, après un certain nombre de verres!

Fait à signaler aussi: mon habileté à retenir les numéros de téléphone m'est revenue; et je me souviens plus facilement du nom des gens que je rencontre.

Essayant d'attribuer une signification générale à une telle augmentation de mes facultés de rétention, la réflexion m'a mené aux conclusions suivantes:

1. Après la cinquantaine, nous craignons tous un dépérissement de la mémoire.

2. Si, moi, je peux tripler ma mémoire, à cet âge, tout le monde le peut; à conditions égales.

3. Peu d'individus entraînent leur mémoire une fois leurs études terminées.

4. La mémoire, un peu comme un muscle, se détériore en cas de non-usage.

5. **Pour améliorer sa mémoire, il suffit de l'entraîner.**

6. Personne ne semblant véhiculer ce message, pourquoi ne pas m'y mettre?

Ce livre vous fera vivre mon expérience; et vous guidera vers une mémoire accrue.

CHAPITRE 1

UNE MÉMOIRE DÉCLINANTE

Passé la cinquantaine, qui n'a pas remarqué que sa mémoire diminuait?

Quelques conversations avec des quinquagénaires suffisent pour confirmer qu'à peu près tous craignent de perdre la mémoire.

Voici un petit poème amusant qui résume souvent bien la situation:

> *Un petit mot pour dire : « je vis;*
> *Je ne figure pas, parmi les morts;*
> *Sauf que mon cerveau me fuit;*
> *Que ma mémoire déserte le fort!*
>
> *Je m'habitue à mon arthrite;*
> *Porter mon dentier il le faut;*
> *Mes lunettes, de les briser, j'évite :*
> *Mais je regrette mon cerveau!*
>
> *Car, très souvent aux escaliers,*
> *Mon pauvre esprit se demande :*
> *Viens-je tout juste de monter?*
> *Ou, viens-je à peine de descendre?*

Et, à la porte du frigo souvent,
Mon pauvre cerveau se demande :
Viens-je de mettre qq'chose dedans?
Ou suis-je venu sortir la viande?

Aussi, la nuit, dessus le dos,
En pyjama et bas de laine:
Ai-je fini de faire dodo?
Ou viens-je de me coucher à peine?

Si donc, d'écrire, c'est mon tour,
Prie, pardonne mon silence :
J'attendais encore un autre jour;
De peur, que tu perdes patience!

L'important c'est que l'on soit proches
Et que nous nous sentions aimés;
Mais l'heure du courrier approche
Et ma lettre, il me faut la poster

Debout devant la boîte aux lettres,
Mes joues de rouge toutes couvertes :
Au lieu de la poster, ma lettre,
Stupidement, je l'ai ouverte

Anonyme

Plus jeune, c'était facile de se rappeler les numéros de téléphone, les noms et les visages

Je sais qu'à trente ans, je retenais sans effort des dizaines de numéros.

Mais j'avais perdu le tour avec les années.

Retrouver des noms m'était devenu plus difficile.

J'avais recours à des subterfuges, pour camoufler mes trous de mémoire, par exemple:

- attendre, que dans un groupe, quelqu'un appelle par son nom la personne, dont j'avais oublié le patronyme...

- demander à la personne d'épeler son nom; (bon procédé pour un Schneider ou un Lefebvre; mais pas pour un Boucher ou un Simard);

- dire: "Je suis désolé, mais je ne me rappelle pas votre prénom", en espérant que de l'entendre me rappellerait le nom de famille!

Or me voici à 70 ans, avec une mémoire triplée.

Cette amélioration, je ne l'anticipais pas: je n'avais suivi aucun cours; ni délibérément cherché à entraîner ma mémoire.

Mais laissez-moi vous raconter comment c'est arrivé.

CHAPITRE 2

COMMENT MA MÉMOIRE S'EST AMÉLIORÉE,

SANS QUE JE M'EN APERÇOIVE

Parmi mes activités, j'ai produit plus de 100 biographies sur films; documentaires dans lesquelles un ou plusieurs membres d'une famille raconte l'histoire des siens; le tout illustré de photos appropriées.

L'un de mes sujets, Heward Stikeman, un avocat montréalais, évoquant sa grand-mère maternelle, m'a raconté qu'elle avait fait partie du mouvement contre le sabordage du fameux voilier "U.S.S. Constitution", qui s'était illustré dans la guerre américano-britannique de 1812; et qui fut immortalisé par Oliver Wendell Holmes dans un poème dont Stikeman me récita la fin par coeur:

"Nail to the mast her holy flag,
Set every threadbare sail
And give her to the God of storms,
The lightning and the gale."

pouvant se traduire par:

"Clouez à son mât son drapeau sacré,
Levez toutes ses voiles en loques,
Et donnez-le au Dieu des orages,
De l'éclair et du vent."

Quand j'ai demandé à Heward combien de poésies il connaissait par coeur, il m'a répondu: "30 ou 50."

Ce bref entretien m'a fait une vive impression, car j'aurais été bien incapable d'en faire autant.

Et c'était pour moi d'autant plus vexant que mon grand-père et mon beau-père avaient tous deux l'habitude d'agrémenter nos dîners de famille de récitations de Lamartine, de Victor Hugo et d'autres grands poètes.

Et c'est ainsi que, par curiosité autant que par envie, j'ai décidé de commencer à apprendre des poèmes.

Pendant des semaines, je me suis promené avec, soigneusement pliée dans ma poche de veston, la tirade du nez de Cyrano de Bergerac, la célèbre pièce d'Edmond Rostand; vous savez bien, celle qui commence par les mots:

"Vous avez un nez...heu...un nez... très grand..."

<u>Et qui continue pendant 70 vers!</u>

Inutile de dire que je me suis vite découragé. Non seulement je n'avais pas entraîné ma mémoire depuis l'université; mais encore le défi de mémoriser un passage de plus de 500 mots m'est vite apparu insurmontable! A peine, si au bout de deux semaines, j'avais appris 10 lignes!

J'ai donc essayé une autre tactique; et j'ai laissé le texte à côté du lavabo de la salle de bain: emplacement commode, puisque je travaillais à la maison.

Chaque visite à la salle d'eau impliquait une tentative de mémorisation!

8

Bientôt, j'ai pu réciter quelques vers, sans trop d'erreurs; et au bout de quelques semaines, voilà que je pouvais débiter, médiocrement s'entend, toute la tirade du nez.

D'autres poésies s'ensuivirent.

Mais l'expérience avait mal commencé et avait bien failli échouer...

Avis donc aux intéressés: mieux vaut commencer par des poèmes faciles, dont je donne des exemples au chapitre 6.

Mais tout d'abord, explorons brièvement en quoi consiste la mémoire; et étudions les moyens de l'accroître.

CHAPITRE 3

QU'EST-CE QUE LA MÉMOIRE?

La mémoire pourrait se définir comme la capacité d'absorber, de retenir et de récupérer de l'information.

Les experts semblent s'accorder pour affirmer que la mémoire, est intimement liée au phénomène d'associations d'idées.

Avez-vous remarqué que les bébés et les bambins ne demandent jamais la signification d'un mot?

Vers l'âge de trois ans un enfant demandera fréquemment **pourquoi** mais on ne l'entendra pas dire: "ce mot là, ça veut dire quoi maman?"

C'est qu'un enfant apprend le sens des mots par association d'idées. Par exemple:

-Un bébé laisse tomber son biberon par terre.

Maman s'exclame:

"Tu as laissé tomber ta bouteille!"

ou encore:

"Tu as laissé tomber ton lait!"

Une autre fois, quand le bébé laisse tomber son jus d'orange, sa mère maman criera:

"Tu as laissé tomber ta bouteille!" ou *"Tu as laissé tomber ton jus d'orange!"*

Dans les deux cas, si la mère dit, *"tu as laissé tomber ta bouteille"*, l'enfant comprend qu'elle parle du récipient et l'associera au mot "bouteille".

Si elle dit: *"tu as laissé tomber ton jus d'orange"*, l'enfant apprend à distinguer le contenu, lait ou jus d'orange.

- Une mère dit: *"finis tes petits pois"*, à une fillette qui a mangé ses pommes de terre, mais n'a pas touché à ses pois. La petite ne comprendra peut-être pas, cependant, le sens des mots "petits pois", jusqu'à ce que sa mère, à un autre moment, l'encourage à terminer ses "carottes": lui ouvrant ainsi la porte au sens des mots "petits pois" et "carottes".

Cette vérité, que l'association d'idées permet de fixer des mots en mémoire, s'applique aussi à leur récupération.

Il semble d'ailleurs que le cerveau "catalogue" les mots de même type, dans des sections spécialisées du cerveau. Prenons par exemple la catégorie "fruits".

Disons qu'on recherche le nom d'un petit fruit: notre cerveau nous suggèrera peut-être: "myrtille", "framboise", "fraise" ou "mûre"; mais pas "neige", "planète", "chat" ou "Angélina Jolie"!

C'est aussi vrai quand on cherche un mot dans une autre langue. La recherche du mot anglais pour "framboise" passera par des mots fruitiers: il faudra peut-être travailler un peu, pour trouver le mot "raspberry", mais les mots évoqués en chemin seront des mots tels que: "lemon", "orange", "strawberry", "blueberry", c.a.d. des noms de fruit.

Les spécialistes, au cours des siècles, ont ainsi toujours associé l'entraînement de la mémoire, au phénomène d'associations d'idées.

Des méthodes d'entraînement variées ont été enseignées depuis les Grecs: nous allons en évoquer quelques-unes, dans le prochain chapitre.

CHAPITRE 4

ENTRAÎNER LA MÉMOIRE

Il existe depuis longtemps diverses méthodes pour entraîner la mémoire: les plus répandues sont la **méthode loci**, la **méthode crochet** et la **méthode lien**.

Nous allons les examiner toutes trois, **mais n'essayez pas de les adopter tout de suite.**

Vous trouverez plus profitable, moins ennuyeux et plus distrayant de vous adresser directement à la poésie.

La méthode loci

La plus ancienne remonte au 5ième siècle avant Jésus Christ.

Le poète grec Simonide participait à un festin, lorsqu'il fut appelé à l'extérieur, pour rencontrer un messager. Un tremblement de terre fît alors s'écrouler la salle; et tous les convives furent retrouvés morts et défigurés.

Seul témoin survivant, Simonide est appelé à identifier les cadavres. Il réussit, tant bien que mal, à retrouver l'identité de chacun, en reconstituant le plan de table, mariant ainsi corps et lieu.

Il en conclut que le cerveau crée des liens basés sur le "locus", c.a.d. le lieu ou l'emplacement d'une personne ou d'un objet; et crée la méthode "loci" (pluriel du mot latin "locus").

Cette méthode vise à créer des liens entre des lieux et des éléments à mémoriser.

Pour utiliser cette méthode, il faut apprendre un certain nombre d'emplacements, toujours dans le même ordre.

Prenons par exemple une maison de campagne et retenons: portail, allée, porte d'entrée, vestibule, penderie, couloir, (et dans le salon), table à café, canapé, guéridon, chaise, fauteuil, cheminée, (et dans la cuisine), frigo, poêle, comptoir, lave-vaisselle, table, télé; et ainsi de suite, pour toute la maison.

Une fois cette série de lieux retenue, toujours dans le même ordre, on peut procéder à son utilisation.

Mettons qu'en faisant les courses, on ait prévu de faire huit achats: salade, café, essuie-tout, sorbet, bifteck, allumettes, chandelles et journal, mais qu'on n'ait pas de papier pour faire une liste, on peut imaginer que:

sur le portail se trouve de la salade;
dans l'allée est déposé un sac de café;
accrochés à la porte d'entrée il y a des essuie-tout;
dans la vestibule se trouve un sorbet;
dans le couloir un bifteck;
sur la table à café des allumettes;
sur le canapé des chandelles; et
sur le guéridon un journal.

Une fois les achats complétés, la même liste de lieux, de "loci", pourra servir la prochaine fois.

On peut bien sûr étendre la liste à d'autres emplacements comme le bureau, la maison ancestrale etc., permettant ainsi de générer des centaines de lieux en séquence: une foule de souvenirs.

Le système fonctionne bien pour l'entreposage de données et l'entraînement de la mémoire à court terme.

La méthode crochet

Inventée par l'anglais Henry Herdson, au dix-septième siècle, celle-ci consiste à marier les chiffres de 1 à 100, à une série de mots, qu'on doit retenir.

Je l'ai adaptée au français et l'ai rendu logique, en utilisant toujours les mêmes premières consonnes, pour former des mots correspondant aux chiffres, (au lieu de prendre des mots au hasard comme en anglais: voir "peg method" dans Wikipedia).

Ainsi z correspond au chiffre 0
b au chiffre 1
c au chiffre 2
d au chiffre 3
f au chiffre 4
g au chiffre 5
l au chiffre 6
m au chiffre 7
n au chiffre 8
p au chiffre 9

D'ou les mots suivants pour les 10 premiers chiffres:

zèbre   = 0
banane   = 1

charrue	= 2
drap	= 3
ferme	= 4
grue	= 5
lait	= 6
meule	= 7
note	= 8
piano	= 9

Si on passe aux dizaines, chaque mot associé à une dizaine sera dérivé du mot associé au premier chiffre. Ainsi:

1 banane,	donnera	10 bananier
2 charrue	donnera	20 charretier
3 drap	donnera	30 drapier
4 ferme	donnera	40 fermier
5 grue	donnera	50 grutier
6 lait	donnera	60 laitier
7 meule	donnera	70 meunier
8 note	donnera	80 notaire
9 piano	donnera	90 pianiste

Complétons ensuite l'énumération des chiffres de 11 à 100, avec des mots dont **les deux premières consonnes** leur correspondront, en se rappelant toujours que

b=1	d=3	g=5	m=7	p=9
c=2	f=4	l=6	n=8	

10	bananier (ne pas changer)
11	bébé/ babouin/ biberon (b + b)
12	bacon/ Bic/ bac/ bocage (b + c)
13	bedon/ bidon/ bidet/ baudet (b + d)
14	buffle/ baffe (b + f)
15	bagage/ bagagiste/ bague (b + g)
16	ballon/ balle/ bal/balançoire/ billet (b + l)
17	bambi/ bombe/ (b + m)
18	banc/ banquise/ banderole/ bandage/ bon de commande (b + n)
19	baptistère/ baptême (b + p)

20	charretier (ne pas changer)
21	cabane/ cabine/ cabanon/ cabinet/ cube/ (c + b)
22	cacao/ cacahuète/ cocotier (c + c) etc.
23	caddy/ cadenas/ code civil/ cédule/ cidre/ codicille
24	café/ cafetière/ coffret
25	cagoule/ cigare/ cigarette/
26	calotte/ caleçon/ calendrier/calepin/ celeri/ cil/ colle/ cul/ culotte
27	caméra/ caamériste/ campeur/ cime/ ciment/ comète/ cumin
28	canne/ canapé/ cinéma/ confit/
29	cap/ capuchon/ cèpe/ cyprès/ copeau

et ainsi de suite...

(Voir l'Annexe F pour une liste complète de mots correspondant aux chiffres de 1 à 99)

L'essentiel consiste à se souvenir du système: savoir que pour les dizaines, (sauf pour les numéros terminés par zéro), les deux premières consonnes du mot déterminent le chiffre.

Si donc les deux premières consonnes sont b et c, cela donne le chiffre 12; pour f et l, ce sera 46; pour p et c, 92 etc.

L'étape suivante est de se servir des mots ainsi choisis pour créer des historiettes.

Par exemple, pour se rappeler un numéro de carte de crédit, comme:

45 00 23 05 26 98 14 36

on invente une histoire à partir des mots correspondant aux chiffres, selon la méthode que je viens de décrire:

45 = fagot/ figue/ figurine
00 = zèbres

23 = caddy/ cadenas/ code civil/ cédule/ cidre/ codicille
05 = grue

26 = calotte/ caleçon/ calenrier/ calepin/ celeri/ cil/ colle /cul/ culotte
98 = pin-up/ ping-pong/ pont

14 = buffle/ baffe
36 = dalle/ delta/ Dalai Lama

Un **fagot** sur le dos, deux **zèbres** sont menés par un **caddy**, assis sur une **grue,** un **calepin** à la main. Ils traversent un **pont** d'où ils aperçoivent un **buffle** se promenant sur les bords d'un **delta**.

Prenons maintenant un numéro de téléphone

935 71 24

18

9 = piano
35 = dague/ dogue
71 = meuble/ mobile/ mobylette
24 = café/ cafetière/ coffret

Près d'un **piano** est assis un énorme **dogue**, tout contre un **meuble** ancien, où trône une immense **cafetière**.

Plus l'histoire semble ridicule, plus facile en est sa rétention.

La méthode du lien

La méthode du lien, comme son nom le suggère, consiste à établir une relation entre diverses choses.

Allant faire les courses, on se trouve avoir besoin de:

> lait
> fromage
> tomates
> brocoli
> pâtes
> beurre
> bifteck
> œufs
> poulet

Comment se rappeler de la liste? D'abord en établissant des liens entre les divers produits, par exemple en les classant par catégorie:

produits laitiers:	4: lait, beurre, fromage; <u>plus</u> œufs
viandes:	2: bifteck, poulet
fruits/légumes:	2: tomates, brocoli

divers: 1: pâtes

Puis en faisant une autre association d'idées:

> 3 "b"s (beurre, bifteck, brocoli)
> 2 "p"s (poulet, pâtes)
> et le mot "flot" (fromage, lait, œufs, tomates).

Mais, est-il vraiment nécessaire de recourir à l'une des méthodes que je viens de décrire, pour améliorer sa mémoire?

Quant à moi, je ne le pense pas. Je trouve ces approches ennuyeuses; et elles n'entraînent vraiment que la mémoire à court terme.

Pour améliorer sa mémoire à long terme, l'entraînement me semble de rigueur.

Les politiciens d'ailleurs l'ont compris, eux qui doivent se rappeler les noms et les visages de leurs électeurs.

Mon dentiste aussi, qui connaît par cœur la dentition de ses 5,000 clients.

Une amie psychologue maîtrise par cœur le dossier de ses 2,000 patients.

Toutes ces personnes entraînent leur mémoire à long terme. Toutes le font pour des raisons professionnelles.

Mais nous pouvons tous en faire autant, à titre purement personnel.

Et le plus beau, c'est qu'en même temps, on améliore aussi sa mémoire à court terme.

Finalement, avant d'aborder quelques poèmes, j'aimerais souligner le rôle d'un corps et d'un esprit sains dans l'entraînement de la mémoire.

CHAPITRE 5

UN ESPRIT SAIN DANS UN CORPS SAIN

Montaigne reconnaissait déjà l'indissociabilité de la forme physique et mentale; et depuis, de nombreux observateurs ont établi un lien direct entre la bonne forme physique et les facultés rétentives du cerveau.

Ma propre expérience m'amène d'ailleurs à la même conclusion.

Ma propre expérience

Dans la vingtaine et la trentaine, j'avais appris à baragouiner un certain nombre de langues; et avais même lu des livres, en plusieurs langues étrangères.

Mais, si je nourrissais mon esprit, je négligeais mon corps.
Un jour, l'importance de l'interrelation corps-esprit m'a frappé comme une tonne de briques.

C'est le jour où je me suis rappelé la maxime: "mens sana in corpore sano", un esprit sain, dans un corps sain: maxime dont les Grecs et les Romains avaient fait leur règle d'or; et que j'avais apprise au collège.

N'oublions pas que même si l'expression est latine, ce sont les Grecs qui ont crée les Jeux Olympiques.

A l'époque, (j'avais 43 ans), je savais parler tennis, mais je jouais comme un pied.

Et si j'avais skié dans ma jeunesse, je ne faisais plus que quelques randonnées par hiver.

La bouffe jouait un rôle important dans ma vie et mon foie me le faisait payer: je n'honorais pas le temple où logeait mon esprit.

Me rappelant donc la maxime latine, j'ai résolu de me mettre au sport.

J'ai commencé par le squash et le tennis: jouant souvent trois, quatre fois par semaine.

A cinquante ans, je me suis mis au jogging, inspiré par l'exemple d'autres cinquantenaires.

Certains de mes copains faisant régulièrement de la course à pied, autour du Mont Royal, j'ai décidé d'en faire autant.

Je n'oublierai jamais la première tentative: partant le plus lentement possible, j'ai couru sur le plat pour près de trois cents mètres; puis le terrain s'est mis à monter.

Au bout de dix minutes, j'étais complètement exténué; et ai dû m'arrêter.

Tenté alors d'abandonner le jogging, l'entêtement ou l'orgueil m'ont poussé à recommencer quelques jours plus tard; et je ne l'ai jamais regretté.

Après quelques années, j'avais suffisamment progressé pour décider d'essayer un triathlon, une épreuve qui comprend la nage (1,5 km.), le vélo (40 km) et la course à pied (10 km).

Je n'entrerai pas dans les détails, mais après trois mois d'entraînement, j'ai réussi mon triathlon, en un temps record: un temps très, très long!

Et le résultat? Eh bien, à part un mal occasionnel de pied ou de genou, c'est qu'à 50 ans, j'étais en bien meilleure forme que dans la vingtaine. Mes problèmes de foie avaient disparu et les petits boutons que j'arborais sur le ventre s'étaient tout simplement évanouis. J'irriguais donc mieux mon système vasculaire.

Mais, fait inattendu, cette irrigation semblait s'étendre à mon cerveau. Bref, je ne m'étais jamais senti mieux.

D'un corps sain à un esprit sain

Même si j'avais négligé mon corps pendant des années, je me maintenais en forme mentalement, par mon travail, par l'apprentissage de langues et par la lecture.

Comme beaucoup de gens, je me rendais cependant compte d'une certain détérioration de la mémoire, contre laquelle je ne prenais aucune mesure défensive.

Cette détérioration a continué jusqu'à ce que j'entreprenne l'apprentissage de la poésie...

Je suppose, que tôt ou tard, je me serais livré aux genres d'exercices prônés par les spécialistes, pour stimuler le cerveau, tels: le sodoku, le bridge ou les mots croisés: mais malheureusement ceux-ci n'accroissent que la mémoire à court terme.

Pour améliorer celle à long terme, l'entraînement s'avère essentiel. Mais qui s'y consacre après l'université? Avez-vous des amis qui le font? Moi, non.

L'entrevue avec Heward Stikeman m'avait donné le goût d'apprendre des poèmes, mais j'avais mal débuté en choisissant des vers trop longs, trop compliqués.

Voyons un peu comment il faut s'y prendre. Je vais vous proposer quelques poèmes par chapitre, allant du plus facile au plus difficile.

Si vous souhaitez en apprendre quelques-uns dès maintenant, allez-y carrément; mais il suffit d'en prendre connaissance.

On trouvera en appendice une courte anthologie de mes poèmes favoris, mais pour l'instant, commençons par des poésies faciles à retenir.

CHAPITRE 6

D'ABORD DES POÈMES FACILES

Épitaphe

Celui qui ci maintenant dort
Fit plus de pitié que d'envie,
Et souffrit mille fois la mort
Avant que de perdre la vie.
Passant, ne fais ici de bruit,
Prends garde qu'aucun ne l'éveille;
Car voici la première nuit
Que ce pauvre Scarron sommeille.

Paul Scarron (1610-1660)

Voici un truc pour retenir

Essayez d'identifier des répétitions de lettres, en début de mot, pour vous aider à visualiser le poème.

Dans "Épitaphe", le premier vers contient ainsi deux mots qui commencent par "c"; le troisième en contient deux qui commencent par "m"... Remarquez aussi que dans ce poème, il y a un "p" en début de mot, dans tous les vers, sauf deux!

Quand on arrêtera la course coutumière...

Quand on arrêtera la course coutumière
Du grand Courrier des Cieux qui porte la lumière
Quand on arrêtera l'an qui roule toujours
Sur un char attelé de mois, d'heures, de jours,
Quand on arrêtera l'armée vagabonde
Qui va courant la nuit par le vide des cieux
Décochant contre nous les long traits de ses yeux,
Lors on arrêtera l'inconstance du monde.

Antoine de Chandieu (1534- ?)

Dans ce poème, on trouve une alternance d'as et de cs.

La grande voix du vent

La grande voix du vent
Toute une voix confuse au loin
Puis qui grandit en s'approchant
Devient
Cette voix-ci, cette voix là
De cet arbre et de cet autre
Et continue et redevient
Une grande voix confuse au loin.

Hector de Saint-Denys Garneau

Remarquez les "v"s et les "c"s.

27

Il pleure dans mon cœur

Il pleure dans mon cœur
Comme il pleut sur la ville;
Quelle est cette langueur
Qui pénètre mon cœur?

O bruit doux de la pluie
Par terre et sur les toits!
Pour un cœur qui s'ennuie
O le chant de la pluie!

Il pleure sans raison
Dans ce cœur qui s'écœure.
Quoi! nulle trahison?...
Ce deuil est sans raison.

Paul Verlaine

Comme dans l'épitaphe de Scarron, les "p" aident la mémorisation.

D'autres trucs

Une autre technique de rétention consiste à se créer des mots avec les premières lettres des vers, lorsque possible. Voir: Le Loup et le Chien et La jeune Veuve de Lafontaine (Appendice E).

Ou à se rappeler un ou plusieurs premiers mots de chaque strophe. (Voir Aimons toujours! Aimons encore! de Victor Hugo (Appendice C)

Ou à se servir d'une rime pour retrouver sa partenaire: particulièrement utile pour les alexandrins dont les rimes se succèdent deux par deux. (Voir l'Appendice D: Andromaque et le Cid.)

Nous élaborerons ces techniques au fil du livre et de l'anthologie.

Chaque fois qu'on apprend un poème, il faut se le réciter plusieurs fois; préférablement à haute voix et ce quotidiennement, pendant plusieurs jours; puis, à l'occasion, pendant quelques semaines/mois: jusqu'à ce que l'on soit capable de se le rappeler instantanément, à n'importe quel moment.

Je passe le cinquième de mon temps, consacré à la poésie, à mémoriser de nouveaux vers; et le reste à réciter ceux déjà appris; m'accompagnant parfois du texte pour l'inciser dans la mémoire.

Ma recette: consacrer cinq minutes par jour à la mémorisation.

C'est une habitude à prendre et quand on fait l'effort, on s'aperçoit, mine de rien, qu'on s'est doté d'une discipline de fer, en même temps que d'un passe-temps merveilleux. Nous y reviendrons.

D'autres poèmes courts vous sont suggérés à l'Appendice "A".

Comment progressez-vous?

Vous verrez que la tâche devient de plus en plus facile. Je vous le garantis.

Peut-être, attendez-vous d'avoir fini le livre pour vous y mettre? En tout cas, passons à des poèmes un peu plus longs.

Autre recette: Ne mémoriser que des poèmes qu'on aime.

Ils sont faciles à trouver dans les recueils de poésie ou sur l'internet. Il suffit d'initier la recherche en employant le mot clé "poèmes".

Pour ma part, je recommande le site "poésie.webnet.fr" qui offre des milliers d'œuvres et constitue un véritable trésor.

Passons maintenant à des poèmes plus touffus.

CHAPITRE 7

POÈMES COURTS, UN PEU PLUS TOUFFUS

Voici quelques exemples de poèmes un peu plus longs, que j'affectionne particulièrement.

Heureux qui comme Ulysse

Heureux qui comme Ulysse, a fait un beau voyage,
Ou comme cestuy-là qui conquit la toison,
Et puis est retourné, plein d'usage et raison,
Vivre entre ses parents le reste de son âge.

Quand reverrai-je hélas! de mon petit village
Fumer la cheminée, et en quelle saison
Reverrai-je le clos de ma pauvre maison,
Qui m'est une province et beaucoup davantage?

Plus me plaît le séjour qu'ont bâti mes aïeux,
Que des palais romains les fronts audacieux:
Plus que le marbre dur me plaît l'ardoise fine.

Plus mon Loire gaulois que le Tibre latin,
Plus mon petit Liré que le mont Palatin,
Et plus que l'air marin la douceur angevine.

Joachim Du Bellay

Le vaisseau d'or

Ce fut un grand Vaisseau taillé dans l'or massif:
Ses mâts touchaient l'azur, sur des mers inconnues;
La Cyprine d'amour, cheveux épars, chairs nues
S'étalait à sa proue, au soleil excessif.

Mais il vint une nuit frapper le grand écueil
Dans l'Océan trompeur où chantait la Sirène,
Et le naufrage horrible inclina sa Carène
Aux profondeurs du Gouffre, immuable cercueil.

Ce fut un Vaisseau d'or dont les flancs diaphanes
Révélaient des trésors que les marins profanes
Dégoût, Haine et Névrose, entre eux ont disputés.

Que reste-il de lui dans la tempête brêve?
Qu'est devenu mon coeur, navire déserté?
Hélas! Il a sombré dans l'abîme du Rêve!

Émile Nelligan

Mignonne, allons voir si la rose

Mignonne, allons voir si la rose
Qui ce matin avait déclose
Sa robe de pourpre au soleil,
A pas perdu cette vêprée,
Les plis de sa robe pourprée,
Et son teint au vôtre pareil.

Las! Voyez comme en peu d'espace,
Mignonne, elle a dessus la place,
Las, las! ses beautés laisser choir!
O vraiment marâtre Nature,
Puisqu'une telle fleur ne dure,
Que du matin jusques au soir!

Donc, si vous me croyez mignonne,
Tandis que votre âge fleuronne
En sa plus verte nouveauté,
Cueillez, cueillez votre jeunesse:
Comme à cette fleur la vieillesse
Fera ternir votre beauté.

Paul Ronsard

Pourquoi ne pas essayer une fable? J'imagine que vous connaissez encore la cigale et la fourmi, tout comme un certain nombre des poèmes reproduits dans ces pages. J'espère vous donner l'envie d'en mémoriser d'autres.

La cigale et la fourmi

La Cigale ayant chanté
Tout l'été,
Se trouva fort dépourvue
Quand la bise fut venue:
Pas un seul petit morceau
De mouche ou de vermisseau.
Elle alla crier famine

Chez la Fourmi sa voisine,
La priant de lui prêter

Quelque grain pour subsister
Jusqu'à la saison nouvelle.
"Je vous paierai lui dit-elle
Avant l'oût, foi d'animal,
Intérêt et principal."
La Fourmi n'est pas prêteuse:
C'est là son moindre défaut.
"Que faisiez-vous au temps chaud?
Dit-elle à cette emprunteuse.
- Nuit et jour à tout venant
Je chantais, ne vous déplaise.
-Vous chantiez? j'en suis fort aise:
Eh bien! dansez maintenant."

Jean de La Fontaine

Pour d'autres fables, voir l'Appendice E.

Avant d'entreprendre des poèmes plus longs, je souhaiterais vous faire un aveu et expliquer comment la poésie a transformé ma vie.

CHAPITRE 8

D'ABORD UN AVEU

PUIS - COMMENT LA POÉSIE A TRANSFORMÉ MA VIE

Oserai-je avouer qu'avant d'entamer mon apprentissage,

je n'aimais pas la poésie.

Étant un lecteur relativement rapide et impatient, je n'avais jamais pris le temps de digérer les mots, d'en ingérer la simplicité; de comprendre l'esprit, le rythme et le souffle des vers; dont l'écriture avait requis tant d'heures d'efforts concentrés.

Churchill au début de la guerre avait demandé à son Chef d'état major de résumer son plan de victoire en une page. Imaginez la tâche. Eh bien, il a réussi.

Un auteur connu, (Maupassant ?) s'excusait de la longueur d'une lettre; en expliquant qu'une missive plus simple, plus courte, lui aurait pris trop de temps à composer.

La poésie condense les pensées, les faits et les événements en des vers courts, souvent lyriques, parfois métaphoriques, mais toujours à propos, s'ils sont bons. Les plus grands poètes véhiculent des messages de portée universelle.

Je n'aurais jamais pu imaginer que treize ans après le début de mon apprentissage:

premièrement: j'adorerais la poésie;

deuxièmement: qu'à cause de la poésie, je ne me sentirais à peu près jamais seul;

troisièmement: qu'à cause de la poésie, je deviendrais infiniment plus patient, lorsque je ferais la queue;

quatrièmement: que la poésie m'aiderait incommensurablement dans mes sports d'endurance;

cinquièmement: que mes sports d'endurance contribueraient à augmenter ma mémoire;

sixièmement: que mon vocabulaire s'étendrait de plus de 10%; et surtout:

septièmement: que ma mémoire triplerait.

Laissez-moi élaborer:

Premièrement: j'adore la poésie

J'adore la poésie parce que, maintenant, j'en comprends la simplicité, le rythme, le souffle, l'inspiration... parce que j'en interprète les métaphores... tout cela, bien entendu, à l'intérieur de mes limites personnelles.

Au collège, apprendre des vers constituait un pensum, et le choix des poésies relevait du professeur. Maintenant, c'est moi qui choisis! Pour chaque poème retenu, 30 ou 40 auront été feuilletés.

Je ne sélectionne que ceux qui me paraissent superbes, émouvants, inspirants...

Au début mes choix se concentraient sur les grands: Ronsard, Lamartine, Victor Hugo, Baudelaire, Verlaine...

J'évitais tout ce qui se rapportait à la mort, à la vieillesse, au déclin...

Fait intéressant et surprenant, pour moi, toutes les poésies se rapportant à l'hiver étaient imbues de tristesse: à y réfléchir, c'était naturel, parce que jusqu'à l'invention des skis, des remonte-pente et des motoneiges, l'hiver symbolisait le dépérissement, la vieillesse et la mort; d'autant plus qu'il confinait les gens à la maison, pour des jours entiers.

13 ans plus tard, **deuxièmement**, à cause de la poésie, je me sens rarement seul:

Bien sûr, comme tout le monde, je me retrouve seul de temps à autre; mais confronté à un sentiment de solitude, mon esprit se met à chercher un poème approprié, pour me réchauffer le cœur.

Certains poèmes me feront sourire; d'autres rire; d'autres me feront réfléchir; mais la solitude, nourrie par la réflexion, vaut bien de la compagnie.

13 ans plus tard, **troisièmement**: à cause de la poésie, faire la queue ne m'impatiente plus. Vraiment. A quoi sert de regretter le temps perdu, quand je peux m'amuser à réciter mes vers favoris?

13 ans après, **quatrièmement**: la poésie m'a aidé incommensurablement dans mes sports d'endurance. Lorsque l'on se tape des kilomètres de course à pied ou de vélo: penser à la douleur, à

la distance qu'il reste à parcourir, à la pluie et au vent qui nous glacent, nous vient facilement.

Si cependant, on se récite ses vers favoris, on oublie ces soucis et le périple en devient plus agréable et doublement profitable, puisqu'il entraîne aussi le cerveau.

Cinquièmement: mes sports d'endurance aident à augmenter ma mémoire: c'est le complément du quatrièmement.

Sixièmement: mon vocabulaire s'est étendu de plus de 10 %, parce que je suis constamment exposé à de nouveaux mots, les poètes recherchant invariablement des synonymes et des métaphores pour enrichir leur texte; et surtout:

Septièmement: comme je le relatais dans l'introduction, ma mémoire a triplé.

Je retiens et je me remémore trois fois plus vite non seulement les vers, mais encore les numéros de téléphone. Quelle joie!

Mais, mon propos ne consiste pas à prétendre que je suis quelqu'un de spécial.

Mon propos, c'est d'affirmer que tout le monde peut accroître sa mémoire, avec un effort persistant, de la chance; et de la santé.

Cinq minutes par jour

Un de mes ex-associés Cecil Altmann, un Docteur en économie de Harvard, m'a communiqué un de ses secrets.

Quand on entreprend une nouvelle activité, il faut s'y consacrer au moins cinq minutes par jour.

Pourquoi 5 minutes? Parce qu'on ne peut pas trouver de prétexte valable pour ne pas le faire.

Tout le monde peut trouver 5 minutes dans la journée pour apprendre quelques vers, que ce soit dans la salle de bain, la cuisine, la voiture, le bus ou le métro.

Y consacrer 5 minutes, c'est bien; un quart d'heure, c'est mieux; une demi-heure c'est admirable; une heure, c'est magistral!

Mais cette discipline n'exige que 5 minutes. Croyez-moi, plus vous la maintiendrez de jour en jour, plus elle vous procurera de satisfaction.

C'est un avantage considérable par rapport aux méthodes qui prétendent enseigner l'italien ou l'espagnol en 90 jours. La première semaine, on étudie peut-être une heure par jour. La deuxième aussi. Mais inévitablement quelque chose arrive: un accident, un incident familial, une obligation de travail; et hop, le rythme est rompu, on perd le fil, on se décourage, et tôt ou tard on finit par abandonner.

Si votre obligation quotidienne minimale n'est que de 5 minutes, vous vous sentirez toujours positifs, face à vous-même, face à votre performance. Et il n'existera jamais de raison de cesser.

Vous atteindrez toujours votre objectif. Vous en serez plus heureux.

CHAPITRE 9

LE BONHEUR

C'EST SOUVENT UNE QUESTION D'ATTITUDE

Revenons au fameux dicton, "un esprit sain dans un corps sain". **N'est-il pas évident qu'une des composantes de la santé mentale est une certaine aptitude au bonheur?**

Pensez aux droits inaliénables de la personne, tels qu'exemplifiés dans la Constitution américaine, lesquels droits comprennent "la vie, la liberté et la poursuite du bonheur".

En vieillissant, nous tendons à nous plaindre de plus en plus, pour des raisons que je n'ai pas besoin d'énumérer.

Mais, si nous prenons la peine de comparer notre lot, à celui d'autres personnes, nous pourrons nous rendre plus heureux. Pour citer un personnage connu, "quand je me regarde, je me désole; mais quand je me compare, je me console."

Remontons tout simplement au $19^{\text{ième}}$ siècle:

 - Si on souhaitait écouter de la musique, il fallait en faire soi-même, en jouant d'un instrument; ou attendre de pouvoir assister à un concert. Pas question d' allumer la radio ou d'écouter son IPod.

- Un parisien amateur de Wagner n'aurait eu qu'une seule chance de voir Tristan et Iseult, puisque l'Opéra n'en donna qu'une seule représentation au 19ième siècle.

- Si on souhaitait une framboise, il fallait attendre le mois de juillet.

- Une personne aisée. souhaitant voyager, ne faisait généralement, tout comme Ulysse, qu'un seul grand voyage; puis restait dans son pays le reste de ses jours.

- Une femme, ordinairement, n'achetait qu'un seule nouvelle robe par saison.

- Si elle souhaitait limiter la taille de sa famille, il y avait toujours la prière...

- Elle ne possédait pas le droit de vote; une fois mariée, elle ne pouvait pas contracter.

- Malade, elle ne disposait que de peu de remèdes.

- La radio, la télé, la machine à laver, l'aspirateur; l'ordinateur, l'internet, l'avion, la pilule contraceptive, rien de cela n'avait été inventé.

Alors qu'aujourd'hui on peut:

- acheter des framboises 12 mois par année;

- écouter Beethoven ou Tristan, sur demande;

- prendre l'avion et se rendre partout, à bas prix;

- acheter une robe, à prix modeste;

- aller au cinéma ou visionner un bon film à la télé;

- décider du nombre de ses enfants;

- obtenir des soins médicaux gratuits ou peu coûteux dans la plupart des pays industrialisés;

- et continuer à observer les plus magnifiques spectacles de tous: les levers et les couchers du soleil.

Personnellement, priant Dieu, je ne lui ai jamais rien demandé. Je ne lui disais que: "merci", car je possédais la bonne fortune de pouvoir me comparer aux vrais malheureux!

Je n'avais qu'à considérer le milliard d'habitants mal nourris; et les 3,000 bébés africains qui meurent chaque jour de paludisme, pour ne jamais oser me plaindre... Néanmoins, nous nous plaignons!

Le bonheur fait vivre plus longtemps

Une nouvelle recherche a démontré que le bonheur prolonge la vie.

"Le bonheur ne guérit pas, mais le bonheur protège contre la maladie" explique Ruut Veenhoven de l'Université Érasme de Rotterdam.

Après avoir examiné 30 études menées, à travers le monde, sur des périodes allant d'une à 60 années, le professeur hollandais affirme que

43

les effets du bonheur sur la longévité sont "comparables aux effets produits chez des fumeurs invétérés par l'abandon de la cigarette."

Ce flair spécial de se sentir bien dans sa peau, dit-il, peut allonger la vie d'entre 7.5 à 10 ans.

Tant, dans la vie, dépend de l'attitude.

Rester jeune, physiquement et mentalement.

Des études récentes démontrent que nous continuons à créer de nouveaux neurones cérébraux jusqu'au jour de notre mort.

Cette réalité dément une idée reçue, à savoir qu'aucune nouvelle cellule nerveuse ne se crée à partir de l'âge adulte; entraînant ainsi une dégénérescence progressive et irréversible de nos facultés mentales.

Les idées reçues nous conditionnaient donc à accepter qu'en vieillissant, nous déclinions inévitablement.

Physiquement, les joueurs de tennis ou de hockey étaient et sont toujours considérés "vieux", dès l'âge de trente ans.

Il est vrai que les meilleurs athlètes atteignent leur performance maximale dans la vingtaine ou la trentaine, mais un grand nombre d'amateurs de tennis, de golf ou de ski continuent de s'améliorer jusque dans la soixantaine et parfois bien après.

Mon bon ami Yves Décarie, alors âgé de 92 ans, m'a battu, moi dans la soixantaine, en double au tennis. Il pratiquait ce sport cinq fois par semaine; et entretenait son cerveau avec des mots croisés quotidiens et du bridge trois fois la semaine.

Picasso et Stravinsky ont crée jusque dans leurs années 80. Elliot Carter compose encore à 100 ans.

Lorsqu'un élève de Pablo Casals, le grand violoncelliste, lui demanda:

"Maître, pourquoi pratiquez-vous encore le violoncelle à 92 ans?"

Casals lui répondit:

"Parce que je continue de m'améliorer."

Lisant un jour qu'un médecin de Pennsylvanie, alors âgé de 104 ans, recevait des patients de 8hrs à 16hrs, trois jours par semaine; je me suis immédiatement promis de ne pas prendre ma retraite avant l'âge de 105 ans, la chance aidant!

Je me dois, vous vous devez, nous nous devons tous de nous fixer des objectifs annuels.

Mes objectifs courants comprennent l'amélioration de mon tennis, de mon ski et de ma mémoire.

Trois copains, ex-instructeurs de ski, Paul Marchand, Jim Luck et Jos Jospy me donnent continuellement des conseils, que je sollicite avidement.

Il en va de même pour le tennis. L'amélioration est de rigueur.

Quant à la mémoire, l'an dernier j'ai mémorisé 500 vers. J'en vise 510 en 2009, 520 en 2010, et ainsi de suite.

Le temps passe vite et la vie est courte. Sachons en jouir au maximum, le plus longtemps possible:

> *"Hâtons-nous, hâtons-nous! Notre vie, O Théone,*
> *Est un cheval ailé que le temps éperonne,*
> *Hâtons-nous d'en user."*
>
> *(*Etoiles qui d'en haut voyez valser les mondes...
> *Théophile Gautier)*

Tout cela me rend-il plus heureux? Absolument! Et, comme le Professeur Veenhoven l'a démontré, le bonheur prolonge la vie.

Retournons maintenant à l'apprentissage et plutôt que de mémoriser d'autres poèmes, pourquoi ne pas apprendre quelques chansons. La musique venant renforcer la parole, retrouver les mots sera d'autant plus facile.

CHAPITRE 10

MÉMORISONS QUELQUES CHANSONS

Dans ce chapitre je me proposais de reproduire les paroles de quelques chansons bien connues. Malheureusement aucune n'est encore tombée dans le domaine public et je n'ai pas pu localiser rapidement les détenteurs de droits concernés.

Je vais donc devoir me contenter de ne citer que le début de quelques unes, tout en vous donnant le moyen d'en trouver beaucoup d'autres sur l'internet, pour votre usage personnel. Les mots vous inspireront peut-être à vous procurer celles que vous ne possèderiez pas déjà.

Commençons par Gilles Vigneault:

Mon pays

Mon pays ce n'est pas un pays, c'est l'hiver
Mon jardin ce n'est pas un jardin, c'est la plaine
Mon chemin ce n'est pas un chemin, c'est la neige
Mon pays ce n'est pas un pays, c'est l'hiver

Passons à Jacques Brel:

Ne me quitte pas

Ne me quitte pas

Il faut oublier
Tout peut s'oublier
Qui s'enfuit déjà
Oublier le temps
Des malentendus
Et le temps perdu
A savoir comment
Oublier ces heures
Qui tuaient parfois
A coups de pourquoi
Le cœur du bonheur
Ne me quitte pas
Ne me quitte pas
Ne me quitte pas
Ne me quitte pas

Évoquons Edith Piaf:

La vie en rose

Quand il me prend dans ses bras,
Il me parle tout bas
Je vois la vie en rose,
Il me dit des mots d'amour
Des mots de tous les jours,
Et ça m'fait quelque chose
Il est entré dans mon cœur,
Une part de bonheur
Dont je connais la cause,
C'est lui pour moi,
Moi pour lui dans la vie

Il me l'a dit, l'a juré
Pour la vie...

Il existe des tas de sites "chansons" ou "paroles" sur la toile, dont fr.lyrics-copy.com, qui propose bon nombre de belles transcriptions. "You- tube" offre également une grande variété de vidéos d'artistes interprétant leurs numéros. Googlez sous "You-tube chansons" ou "You-tube chansons d'amour"

Vous pourriez théoriquement vous limiter à ne mémoriser que des chansons; mais si vous souhaitez développer une bonne mémoire, je vous conseille de travailler surtout la poésie. Après un effort initial, vous en serez récompensés en mille.

Voyons maintenant quelques poèmes plus longs.

CHAPITRE 11

DES POÈMES MI-LONGS

Voici maintenant quelques poésies plus étoffées. L'appendice B vous en propose d'autres.

La Chevelure

O, toison moutonnant jusque sur l'encolure!
O, boucles! O parfum chargé de nonchaloir!
Extase! Pour peupler ce soir l'alcôve obscure
Des souvenirs dormant dans cette chevelure,
Je la veux agiter en l'air comme un mouchoir!

La langoureuse Asie et la brûlante Afrique,
Tout un monde lointain, absent, presque défunt,
Vit dans tes profondeurs, forêt aromatique!
Comme d'autres esprits voguent sur la musique,
Le mien, o mon amour! nage sur ton parfum.

J'irai là-bas, où l'arbre et l'homme, pleins de sève,
Se pâment longuement sous l'ardeur des climats;
Fortes tresses, soyez la houle qui m'enlève!
Tu contiens, mer d'ébène, un éblouissant rêve
De voiles, de rameurs, de flammes et de mâts:

Un port retentissant où mon âme peut boire
A grands flots le parfum, le son et la couleur;
Où les vaisseaux, glissant dans l'or et dans la moire,
Ouvrent leurs vastes bras pour embrasser la gloire
D'un ciel pur où frémit l'éternelle chaleur.

Je plongerai ma tête, amoureuse d'ivresse,
Dans ce noir océan où l'autre est enfermé:
Et mon esprit subtil que le roulis caresse
Saura vous retrouver, ô féconde paresse,
Infinis bercements du loisir embaumé!

Cheveux bleus, pavillon de ténèbres tendues,
Vous me rendez l'azur du ciel immense et rond;
Sur les bords duvetés de vos mèches tordus,
Je m'enivre ardemment des senteurs confondues
De l'huile de coco, du musc et du goudron.

Longtemps! toujours! ma main dans ta crinière lourde
Sèmera le rubis, la perle et le saphir,
Afin qu'à mon désir tu ne sois jamais sourde!
N'es-tu pas l'oasis où je rêve, et la gourde
Où je hume à long traits le vin du souvenir?

Baudelaire

Liberté

Sur mes cahiers d'écolier
Sur mon pupitre et les arbres
Sur le sable sur la neige
J'écris ton nom

Sur toutes les pages lues
Sur toutes les pages blanches
Pierre sang papier ou cendre
J'écris ton nom

Sur les images dorées
Sur les armes des guerriers
Sur la couronne des rois
J'écris ton nom

Sur la jungle et le désert
Sur les nids sur les genêts
Sur l'écho de mon enfance
J'écris ton nom

Sur les merveilles des nuits
Sur le pain blanc des journées
Sur les saisons fiancées
J'écris ton nom

Sur tous mes chiffons d'azur
Sur l'étang soleil moisi
Sur le lac lune vivante
J'écris ton nom

Sur les champs sur l'horizon
Sur les ailes des oiseaux
Et sur le moulin des ombres
J'écris ton nom

Sur chaque bouffée d'aurore
Sur la mer sur les bateaux
Sur la montagne démente
J'écris ton nom

Sur la mousse des nuages
Sur la sueur des orages
Sur la pluie épaisse et fade
J'écris ton nom...

Sur la vitre des surprises
Sur les lèvres attentives
Bien au dessus du silence
J'écris ton nom

Sur mes refuges détruits
Sur mes phares écroulés
Sur les murs de mon ennui
J'écris ton nom

Sur l'absence sans désirs
Sur la solitude nue
Sur les marches de la mort
J'écris ton nom

Sur la santé revenue
Sur le risque disparu

Sur l'espoir sans souvenirs
J'écris ton nom

Et par le pouvoir d'un mot
Je recommence ma vie
Je suis né pour te connaître
Pour te nommer

Liberté.

Paul Éluard

Avant de passer à des poèmes nettement plus longs, pourquoi ne pas considérer la mémorisation d'extraits de pièces de théâtre?

CHAPITRE 12

EXTRAITS DE PIÈCES DE THÉÂTRE

A l'occasion d'un dîner avec François Rozet, Sociétaire de la Comédie française, immigré au Canada avant la Guerre de 40 et professeur de théâtre de bien des comédiens canadiens, je lui demandai s'il pouvait encore, à 85 ans, réciter des monologues entiers de chefs d'œuvres de la scène?

Eh bien, les écluses se sont ouvertes! Il se rappelait une foule de textes, dont il nous a régalé toute la soirée.

Parmi ceux-ci:

Le Misanthrope

Alceste

Je veux qu'on soit sincère, et qu'en homme d'honneur,
On ne lâche aucun mot qui ne parte du cœur.

Philinte

Lorsqu'un homme vous vient embrasser avec joie,
Il faut bien le payer de la même monnoie,
Répondre, comme on peut, à ses embrassements,
Et rendre offre pour offre, et serments pour serments.

Alceste

Non, je ne puis souffrir cette lâche méthode
Qu'affectent la plupart de vos gens à la mode;
Et je ne hais rien tant que les contorsions
De tous ces grands faiseurs de protestations,
Ces affables donneurs d'embrassades frivoles,
Ces obligeants diseurs d'inutiles paroles,
Qui de civilités avec tous font combat,
Et traitent du même air l'honnête homme et le fat.
Quel avantage a-t-on qu'un homme vous caresse,
Vous jure amitié, foi, zèle, estime, tendresse,
Et vous fasse de vous un éloge éclatant,
Quand au premier faquin il court en faire autant?...

Sur quelque préférence une estime se fonde,
Et c'est n'estimer rien qu'estimer tout le monde...

Je veux qu'on me distingue; et pour le trancher net,
L'ami du genre humain n'est point du tout mon fait.

Molière

Après Molière, Racine:

Athalie

Abner

Oui, je viens dans son temple adorer l'éternel.
Je viens, selon l'usage antique et solennel,
Célébrer avec vous la fameuse journée,

Où sur le mont Sina la loi nous fut donnée.
Que les temps sont changés! Sitôt que de ce jour
La trompette sacrée annonçait le retour,
Du temple, orné partout de festons magnifiques,
Le peuple saint en foule inondait les portiques;
Et tous devant l'autel avec ordre introduits,
De leurs champs dans leurs mains portant les nouveaux fruits,
Au Dieu de l'univers consacraient ces prémices.
Les prêtres ne pouvaient suffire au sacrifice.
L'audace d'une femme arrêtant ce concours,
En de jours ténébreux a changé ces beaux jours.
D'adorateurs zélés à peine un petit nombre
Ose des premiers temps nous retracer quelque ombre.
Le reste pour son Dieu montre un oubli fatal,
Ou même s'empressant aux autels de Baal,
Se fait initier à ses honteux mystères,
Et blasphème le nom qu'ont invoqué leurs pères.
Je tremble qu'Athalie, à ne vous rien cacher,
Vous-même de l'autel vous faisant arracher,
N'achève enfin sur vous ses vengeances funestes,
Et d'un respect forcé ne dépouille les restes.

Joad

D'où vous vient aujourd'hui ce noir pressentiment?

Abner

Pensez-vous être saint et juste impunément?
Dès longtemps elle hait votre fermeté rare
Qui rehausse en Joad l'éclat de la tiare.
Dès longtemps votre amour pour la religion
Est traitée de révolte et de sédition...

Croyez-moi, plus j'y pense, et moins je puis douter
Que sur vous son courroux ne soit prêt d'éclater,
Et que de Jézabel la fille sanguinaire
Ne vienne attaquer Dieu jusqu'en son sanctuaire.

Au fil des ans, je me suis construit des mini-versions du Cid et d'Andromaque, que vous retrouverez à l'Appendice D. Je me les récite souvent, en joggant mes 10 kilomètres autour du Mont Royal.

Sans quitter le théâtre, si vous souhaitez agrémenter vos soirées et celles des autres, pourquoi ne pas apprendre quelques mots d'esprit, comme par exemple:

Un accusé est cuit quand son avocat n'est pas cru.
Pierre Dac

Un général ne se rend jamais, même à l'évidence
Jean Cocteau

Vous trouverez des centaines de mots d'esprit sur le site "evene.fr".

Vous pourriez aussi apprendre des tirades célèbres comme "la tirade du nez", que je reproduis à l'Appendice D, à la page 174; ou celle de Phèdre à Hippolyte à l'acte 2 scène 5 de Phèdre; ou celle de Dom Juan à l'acte 5 scène 2 du Dom Juan de Molière; ou encore celle d'Harpagon dans l'Avare, à l'acte 1, scène 3.

Cherchez sur "youtube.com", à la rubrique "tirades de théâtre" pour en voir des représentations.

Revenons à la poésie et voyons quelques longs poèmes.

CHAPITRE 13

LONGS POÈMES

Voici "Le Lac", le chef d'œuvre de Lamartine, qu'adorait réciter mon grand-père, lors de réunions de famille.

Le Lac

Ainsi toujours poussés vers de nouveaux rivages,
Dans la nuit éternelle emportés sans retour,
Ne pourrons-nous jamais sur l'océan des âges
Jeter l'ancre un seul jour?

O lac! l'année à peine a fini sa carrière,
Et près des flots chéris qu'elle devait revoir,
Regarde! Je viens seul m'asseoir sur cette pierre,
Où tu la vis s'asseoir!

Ainsi tu mugissais sous ces roches profondes;
Ainsi tu te brisais sur leurs flancs déchirés;
Ainsi le vent jetait l'écume de tes ondes
Sur ses pieds adorés.

Un soir, t-en souvient-il, nous voguions en silence;
L'on entendait au loin, sur l'onde et sous les cieux,
Que le bruit des rameurs qui frappaient en cadence
Tes flots harmonieux.

Tout à coup des accents inconnus à la terre
Du rivage charmé frappèrent les échos;
Le flot fut attentif et la voix qui m'est chère
Laissa tomber ces mots:

"O temps, suspends ton vol! et vous, heures propices
Suspendez votre cours!
Laissez-nous savourer les rapides délices
Des plus beaux de nos jours!

"Assez de malheureux ici-bas vous implorent:
Coulez, coulez pour eux;
Prenez avec leurs jours les soins qui les dévorent;
Oubliez les heureux."

Mais je demande en vain quelques moments encore,
Le temps m'échappe et fuit;
Je dis à cette nuit: "Sois plus lente"; et l'aurore
Va dissiper la nuit.

Aimons donc, aimons donc! de l'heure fugitive,
Hâtons-nous, jouissons!
L'homme n'a point de port, le temps n'a point de rive;
Il coule, et nous passons!

Temps jaloux, se peut-il que les moments d'ivresse,
Où l'amour à longs flots nous verse le bonheur,
S'envolent de nous de la même vitesse
Que les jours de malheur?

Hé quoi! N'en pourrons-nous fixer au moins la trace?
Quoi? passés pour jamais? Quoi! tout entiers perdus?

Ce temps qui les donna, ce temps qui les efface,
Ne nous les rendra plus?

Éternité, néant, passé, sombres abîmes,
Que faites-vous des jours que vous engloutissez?
Parlez: nous rendrez vous ces extases sublimes
Que vous nous ravissez?

O lac! rochers muets! grottes! forêt obscure!
Vous que le temps épargne ou qu'il peut rajeunir,
Gardez de cette nuit, gardez, belle nature,
Au moins le souvenir!

Qu'il soit dans ton repos, qu'il soit dans tes orages,
Beau lac, et dans l'aspect de tes riants coteaux,
Et dans ces noirs sapins et dans tes rocs sauvages
Qui pendent sur tes eaux!

Qu'il soit dans le zéphyr qui frémit et qui passe,
Dans les bruits de tes bords par tes bords répétés,
Dans l'astre au front d'argent qui blanchit ta surface
De ses molles clartés!

Que le vent qui gémit, le roseau qui soupire,
Que les parfums légers de ton air embaumé,
Que tout ce qu'on entend, l'on voit ou l'on respire,
Tout dise: "Ils ont aimé!"

Et voici un chef d'œuvre de Victor Hugo, que nous récitait mon beau-père, à de pareilles occasions:

Booz endormi

Booz s'était couché de fatigue accablé;
Il avait tout le jour travaillé dans son aire;
Puis il avait fait son lit à sa place ordinaire;
Booz dormait auprès des boisseaux pleins de blé.

Ce vieillard possédait des champs de blé et d'orge;
Il était, quoique riche, à la justice enclin;
Il n'y avait pas de fange en l'eau de son moulin;
Il n'y avait pas d'enfer dans le feu de sa forge.

Sa barbe était d'argent comme un ruisseau d'avril.
Sa gerbe n'était point avare ni haineuse;
Lorsqu'il voyait passer quelque pauvre glaneuse:
- Laissez tomber exprès des épis, disait-il.

Cet homme marchait pur loin des sentiers obliques,
Vêtu de probité candide et de lin blanc;
Et toujours du côté des pauvres ruisselant,
Ces sacs de grain semblaient des fontaines publiques.

Booz était bon maître et fidèle parent;
Il était généreux, quoiqu'il fut économe;
Les femmes regardaient Booz plus qu'un jeune homme,
Car le jeune homme est beau, mais le vieillard est grand.

Le vieillard, qui revient vers la source première,
Entre aux jours éternels et sort des jours changeants;
Et l'on voit de la flamme aux yeux des jeunes gens,
Mais dans l'œil du vieillard on voit de la lumière.

Donc, Booz dans la nuit dormait auprès des siens;
Près des meules, qu'on eut prises pour des décombres,
Les moissonneurs couchés faisaient des groupes sombres;
Et cela se passait dans des temps très anciens.

Les tribus d'Israël avaient pour chef un juge;
La terre, où l'homme errait sous la tente,
Inquiet des empreintes de géant qu'il voyait,
Était encore mouillée et molle du déluge.

Comme dormait Jacob, comme dormait Judith,
Booz, les yeux fermés, gisait sous la feuillée;
Or, la porte du ciel, s'étant entre baillée
Au-dessus de sa tête, un songe en descendit.

Et ce songe était tel que Booz vit un chêne
Qui, sorti de son ventre, montait jusqu'au ciel bleu;
Une race y montait comme une longue chaîne;
Un roi chantait en bas, en haut mourait un Dieu.

Et Booz murmurait avec la voix de l'âme:
"Comment se pourrait-il que de moi ceci vînt?
Le chiffre des mes ans a passé quatre-vingt,
Et je n'ai pas de fils, et je n'ai plus de femme.

Voilà longtemps que celle avec qui j'ai dormi,
O Seigneur! a quitté ma couche pour la vôtre;
Et nous sommes encore tout mêlés l'un à l'autre,

Elle à moitié vivante et moi mort à demi.

Une race naîtrait de moi! Comment le croire?
Comment se pourrait-il que j'eusse des enfants?
Quand on est jeune, on a des matins triomphants;
Le jour sort de la nuit comme d'une victoire.

Mais vieux, on tremble comme à l'hiver le bouleau;
Je suis veuf, je suis seul et sur moi le soir tombe,
Et je courbe, O mon Dieu! ma tête vers la tombe,
Comme un bœuf ayant soif penche son front vers l'eau."

Ainsi parlait Booz, dans le rêve et l'extase,
Tournant vers Dieu ses yeux par le sommeil noyés;
Le cèdre ne sent pas une rose à sa base,
Et Booz ne sentait pas une femme à ses pieds.

Pendant qu'il sommeillait, Ruth, une moabite,
S'était couchée aux pieds de Booz, le sein nu,
Espérant on ne sait quel rayon inconnu,
Quand viendrait du réveil la lumière subite.

Booz ne savait point qu'une femme était là;
Et Ruth ne savait point ce que Dieu voulait d'elle;
Un frais parfum sortait des touffes d'asphodèle;
Les souffles de la nuit flottaient sur Galgala.

L'ombre était nuptiale, auguste et solennelle;
Les anges y volaient sans doute obscurément,
Car l'on voyait passer dans la nuit, par moments,
Quelque chose de bleu qui paraissait une aile.

La respiration de Booz qui dormait
Se mêlait au bruit sourd des roseaux sur la mousse;
On était dans le mois où la nature est douce,
Les collines ayant des lys à leur sommet.

Ruth songeait et Booz dormait; l'herbe était noire;
Les grelots des troupeaux palpitaient vaguement;
Une immense bonté tombait du firmament;
C'était l'heure tranquille où les lions vont boire.

Tout reposait dans Ur et dans Jérimadeth;
Les astres émaillaient le ciel profond et sombre;
Le croissant fin et clair parmi les fleurs de l'ombre
Brillait à l'horizon et Ruth se demandait,

Ouvrant l'œil à moitié sous ses voiles,
Quel Dieu, quel moissonneur de l'éternel été,
Avait en s'en allant, négligemment jeté
Cette faucille d'or dans le champ des étoiles.

Victor Hugo

On trouvera d'autres longs poèmes à l'appendice C.

Nous avons jusqu'à présent considéré la poésie, les chansons et le théâtre comme sujets de mémorisation. Pourquoi pas quelques discours?

CHAPITRE 14

QUELQUES DISCOURS

Bien des discours ont marqué l'histoire de l'humanité, dont par exemple:

- Le discours de Churchill du 13 mai 1940
- L'appel du 18 juin 1940 du Général de Gaulle
- Le discours inaugural du Président Kennedy
- Le discours: "*I have a dream*" de Martin Luther King
- Le discours inaugural de Nelson Mandela

et tant d'autres...

Voyons les deux premiers:

APPEL DU 18 JUIN 1940

par CHARLES DE GAULLE

"Les chefs qui, depuis de nombreuses années, sont à la tête des armées françaises, ont formé un gouvernement. Ce gouvernement, alléguant la défaite de nos armées, s'est mis en rapport avec l'ennemi pour cesser le combat.

Certes, nous avons été, nous sommes submergés par la force mécanique, terrestre et aérienne, de l'ennemi.

Infiniment plus que leur nombre, ce sont les chars, les avions, la tactique des Allemands qui nous font reculer. Ce sont les chars, les avions, la tactique des Allemands qui ont surpris nos chefs au point de les amener là où ils en sont aujourd'hui.

Mais le dernier mot est-il dit? L'espérance doit-elle disparaître?

La défaite est-elle définitive? Non!

Croyez-moi, moi qui vous parle en connaissance de cause et vous dis que rien n'est perdu pour la France. Les mêmes moyens qui nous ont vaincus peuvent faire venir un jour la victoire.

Car la France n'est pas seule! Elle n'est pas seule! Elle n'est pas seule! Elle a un vaste Empire derrière elle. Elle peut faire bloc avec l'Empire britannique qui tient la mer et continue la lutte. Elle peut, comme l'Angleterre, utiliser sans limites l'immense industrie des États-Unis.

Cette guerre n'est pas limitée au territoire malheureux de notre pays. Cette guerre n'est pas tranchée par la bataille de France. Cette guerre est une guerre mondiale. Toutes les fautes, tous les retards, toutes les souffrances, n'empêchent pas qu'il y a, dans l'univers, tous les moyens nécessaires pour écraser un jour nos ennemis. Foudroyés aujourd'hui par la force mécanique, nous pourrons vaincre dans l'avenir par une force mécanique supérieure. Le destin du monde est là.

Moi, Général de Gaulle, actuellement à Londres, j'invite les officiers et les soldats français qui se trouvent en territoire britannique ou qui viendraient à s'y trouver, avec leurs armes ou sans leurs armes, j'invite les ingénieurs et les ouvriers spécialistes des industries d'armement qui se trouvent en territoire britannique ou qui viendraient à s'y trouver, à se mettre en rapport avec moi.

Quoi qu'il arrive, la flamme de la résistance française ne doit pas s'éteindre et ne s'éteindra pas.

Demain, comme aujourd'hui, je parlerai à la Radio de Londres."

Le discours de Winston Churchill

à la chambre des communes le 13 mai 1940

"Vendredi soir dernier, j'ai reçu de Sa Majesté la mission de former une nouvelle administration.

Ce fut la volonté évidente du Parlement et de la nation que celle-ci soit conçue sur la base la plus large possible et qu'elle rassemble tous les partis...

Je dis à cette Chambre, comme j'ai dit aux ministres qui se sont joints à ce gouvernement, que je n'ai rien à offrir que du sang, de la sueur, du labeur et des larmes. Nous faisons face à la plus dure épreuve qui soit. Nous avons devant nous bien, bien des mois de combat et de souffrance.

Vous demandez, quelle est notre politique? C'est de mener la guerre sur terre, sur mer et dans l'air. La guerre avec toute notre puissance et avec toute la force que Dieu nous a donnée; et de mener la guerre contre une tyrannie monstrueuse jamais dépassée dans le sombre et lamentable catalogue du crime humain. Voilà notre politique.

Vous demandez, quel est notre objectif? Je puis répondre par un mot: " victoire". La Victoire à tout prix - la victoire en dépit de toutes les terreurs- la victoire, quelque long et ardu soit le chemin, car sans victoire il n'y a pas de survie...

Je relève ma tâche avec entrain et espoir...

Je me sens en droit à ce moment, à cette heure, de réclamer l'aide de tous et de dire: "allons, avançons donc ensemble avec notre force unie."

Vous pourrez trouver d'autres discours sur internet, en tapant "grands discours".

Si vous êtes amateur d'opéra, pourquoi ne pas mémoriser quelques beaux airs? La musique venant, encore une fois, au secours de la parole, la mémorisation en sera d'autant plus facile. Le chapitre suivant vous en proposera quelques-uns.

69

CHAPITRE 15

QUELQUES AIRS D'OPÉRA

Bien des gens se moquent de l'opéra, trouvant ridicule d'entendre un protagoniste répéter, sans fin:

> *"Je t'aime, je t'aime, je t'aime..."*

ou

> *"Je meurs, je meurs, je meurs..."*

Au théâtre, comme dans la vie, un tel comportement frôlerait le grotesque.

Mais en réalité, un agonisant n'a d'autre pensée que la hantise de sa fin imminente.

Comme la musique, l'opéra transporte l'émotion directement au cœur, en évitant la censure de la raison; d'aucuns prétendent même que la combinaison paroles-musique produit une émotion plus proche de la réalité que les simples mots et gestes du théâtre. Question d'opinion.

Voici quelques airs de Bizet et de Puccini, chers aux amateurs d'opéra.

On peut les trouver sur « youtube.com », sous la rubrique « opera arias »

CARMEN

La fleur que tu m'avais jetée

José

La fleur que tu m'avais jetée,
dans ma prison m'était restée.
Flétrie et sèche, cette fleur
gardait toujours sa douce odeur;
et pendant des heures entières,
sur mes yeux, fermant mes paupières,
de cette odeur je m'enivrais
et dans la nuit je te voyais!
Je me prenais à te maudire,
à te détester, à me dire:
Pourquoi faut-il que le destin
l'ait mise là sur mon chemin?
Puis je m'accusais de blasphème
et je ne sentais en moi-même,
je ne sentais qu'un seul désir,
un seul désir, un seul espoir:
te revoir, Ô Carmen, oui, te revoir!
Car tu n'avais eu qu'à paraître,
qu'à jeter un regard sur moi,
pour t'emparer de tout mon être,
ô ma Carmen!
Et j'étais une chose à toi!
Carmen, je t'aime!

71

Voyons maintenant Puccini, le compositeur qui parle le plus
directement au cœur:

La Bohême raconte l'histoire de quatre jeunes artistes gais-
lurons; mais tirant le diable par la queue. Ils habitent un
atelier donnant sur les toits de Paris.

Rodolfo, un poète, travaillant seul la veille de noël, entend
frapper à la porte.

En ouvrant, il trouve Mimi, une ravissante jeune couturière,
qui cherche du feu pour sa chandelle. Rodolfo, charmé, en
profite pour souffler subrepticement la sienne, plongeant le
couple dans le noir.

Pire, ou mieux encore, elle perd sa clef: cherchant tous
deux à la retrouver, lui lui prend la main. Et c'est le coup de
foudre!

Ils se racontent alors:

LA BOHÊME

Che gelida manina

Rodolfo

"Che gelida manina, Quelle petite main gelée,
Se la lasci riscaldar, Laissez, que je la réchauffe.
Cercar che giova,   A quoi sert de chercher?

Al buio non si trova.	On ne la trouvera pas dans le noir
Ma per fortuna	Mais, par fortune,
E una notte di luna...	C'est une nuit de lune...
E qui la luna	Et ici la lune
l'abbiamo vicina.	Nous l'avons voisine.
Aspetti, signorina,	Attendez, signorina,
Le diro con due parole,	Je vous dirai en deux mots,
Chi son, chi son	Qui je suis, qui je suis,
e che faccio,	Et, ce que je fais
Come vivo,	Comment je vis,
Vuole?	Voulez-vous?
Chi son? Chi son?	Qui suis-je? Qui suis-je?
Son un poeta,	Je suis un poète,
Che cosa faccio,	Et que fais-je?
Scrivo.	J'écris.
E come vivo?	Et comment vis-je?
Vivo.	Je vis.
In povertà mia lieta,	Dans ma pauvreté joyeuse,
scialo da gran signor	Je gaspille, en grand seigneur,
rime ed inni d'amore	rimes et hymnes d'amour.
Per sogni e per chimere	Pour les rêves et les chimères,
E per castelli in aria,	Et pour les châteaux en Espagne,
L'anima ho millionaria.	J'ai l'âme d'un millionaire.
Talor dal mio forziere,	Parfois de mon coffre-fort,
Ruban tutti goielle,	Volent tous mes bijoux,
Due ladri: gli occhi belli.	Deux voleurs: les beaux yeux.
Entrar con voi pur ora	Ils sont entrés avec vous tout à l'heure
ed i miei sogni usati,	et mes rêves usés,
i bei sogni miei,	mes beaux vieux rêves,
tosto si dileguar.	s'évanouirent aussitôt.
Ma il furto non m'accora,	Mais le vol ne m'inquiète pas,
poichè, poichè	parce que, parce que

v'ha preso stanza	*y a pris place*
la speranza.	*l'espérance.*
Or che mi conoscete	*Maintenant que vous me connaissez,*
Parlate voi	*Parlez vous-même,*
Deh, parlate chi siete?	*Allez, dîtes qui vous êtes?*
Vi piaccia dir?	*Vous plaît-il?*

Mimi, terriblement émue:

Mi chiamano Mimi

Si. Mi chiamano Mimi,	*Oui, l'on m'appelle Mimi,*
ma il mio nome e Lucia.	*mais mon nom est Lucia.*
La storia mia e breve.	*Mon histoire est brève.*
A tela o a seta,	*Sur toile ou sur soie,*
ricamo in casa e fuori.	*je brode à la maison ou à l'extérieur.*
Son tranquil e lieta,	*Je suis tranquille et joyeuse,*
ed e mio svago	*et mon passetemps*
far gigli e rose.	*est de coudre lilas et roses.*
Mi piaccion quelle cose	*Me plaisent ces choses*
che han si dolce malia,	*pleines de douce magie,*
che parlano d'amor,	*qui parlent d'amour,*
di primavere,	*de printemps,*
che parlano di sogni	*qui parlent de rêves*
e di chimere,	*et de chimères,*
quelle cose,	*ces choses,*
c'han nome poesia.	*qui ont nom poésie.*
Lei m'intende?	*Vous me comprenez?*

Rodolfo

"Si"	*Oui*

Mimi

"Mi chiamano Mimi   *L'on m'appelle Mimi*
Il perche, non so.   *le pourquoi, je ne sais.*
Sola mi fo il pranzo   *Seule, je me fais à déjeuner,*
da me stessa,   *moi-même.*
Non vado sempre a messa,   *Je ne vais pas souvent à la messe,*
ma prego assai il Signor.   *mais je prie beaucoup le Seigneur.*
Vivo solo, soletta,   *Je vis seule, toute seule,*
là in una bianca cameretta,   *là dans une blanche chambrette,*
guardo sui tetti e in cielo.   *d'où je regarde les toits et le ciel.*
Ma quando vien lo sgelo   *Mais quand vient le dégel,*
il primo sol e mio,   *le premier soleil est mien,*
il primo bacio dell' aprile e mio,   *le premier baiser d'avril est mien,*
il primo sole e mio.   *le premier soleil est mien.*
Germoglia in un vaso una rosa   *Une rose fleurit dans un vase:*
Foglia, a foglia l'aspiro.   *feuille à feuille, je l'aspire.*
Che cosa gentil   *Quelle chose gentille*
e il profumo d'un fior.   *est le parfum d'une fleur.*
Ma i fior ch' io faccio, ahime!   *Mais les fleurs que je fais, hélas!*
I fior ch' io faccio   *les fleurs que je fais*
ahime, non hanno odore.   *hélas! n'ont pas d'odeur.*
Altro di me   *Autre chose de moi*
non le saprei narrare.   *je ne vous saurais narrer.*
Son la sua vicina   *Je suis votre voisine*
che la vien, fuori d'ora   *qui vous vient bien tard*
ad importunare."   *importuner."*

Excusez ma traduction non-inspirée. Quoique non-poétique, mon intention est de translittérer, en utilisant, lorsque possible, une approximation des paroles italiennes originales.

CHAPITRE 16

UNE MÉTHODE SIMPLE POUR RETENIR
LES DATES DE TOUS LES JOURS DE L'ANNÉE

Apprenez les numéros suivants et vous pourrez déterminer les dates de tous les jours de l'année **2009**:

$$52 \quad 26 \quad 41 \quad 63 \quad 75 \quad 27$$

Si vous cherchez à les mémoriser, en utilisant la méthode crochet, (voir l'Appendice F), vous aurez:

52 giclement/ giclée/ gauche/ gaucher
26 calotte/ caleçon/ calendrier/ calepin/ céleri/ cil/ cul/ culotte
41 fable/ fabrique/ fibre
63 lad/ ladre
75 magasin/ magazine/ mégaphone/ MIG/ muguet
27 caméra/ camériste/ campeur/ cime/ ciment/ comète/ cumin

Une **giclée** de **colle,** dans la **fabrique,** s'est répandue sur le **lad**, son **magazine** et sa **caméra.**

Chaque chiffre, dans l'énumération, représente, en séquence, le premier lundi de chaque mois: le premier chiffre correspond au premier lundi de janvier, le second au premier lundi de février etc.

Si vous voulez déterminer quel jour tombera Noël, le premier lundi de décembre étant le 7, le troisième sera le 21 : Noël sera donc le vendredi 25.

Le 8 mai sera aussi un vendredi, puisque le premier lundi de mai tombe le 4. Un jeu d'enfant, lorsqu'on connaît la formule.

Retournons à l'année **2008,** année bi-sextile : les premiers lundis seront :

74   37   59   74   86   31

74 mafieux / mufle / mufti
37 damier / dame / domaine/ dîme/ dôme
59 guêpe/ guêpier
74 mafieux/ mufle/ mufti
86 Nil/ Nelligan
31 débat/ débutante/ doberman

Un **mufti** jouant aux **dames** se fait piquer par une **guêpe**. Le **mufti** se jette dans le **Nil** où il se **débat.**

Noël 2008 est tombé un jeudi.

Pour **2007** les chiffres sont:

15   52   74   26   31   53

15 bagage/ bagagiste/ bague
52 giclement/ giclée/ gauche/ gaucher
74 mafieux/ mufle/ mufti
26 calotte/ caleçon/ calendrier/ calepin/ céleri/ cil/ cul/ culotte

31 début/ débutante/ doberman/ débiteur
53 gade (poisson, type merlan)/ gadoue/ Gide

Dans un combat, un coup de **bague** produit un **giclement** de sang sur le visage d'un **mafieux**. Sa **culotte** déchirée par un **doberman,** il tombe dans la **gadoue.**

Allons maintenant de l'avant:

2010:

41 15 37 52 64 16

41 fable/ fabrique/ fibre
15 bagage/ bagagiste/ bague
37 damier/ dame/ domaine/ dîme/ dôme
52 gauche/ gaucher/ giclement/ giclée
64 lift/ loft
16 ballon/ bal/ balle/ balançoire/ billet

Dans une **fabrique**, un **bagagiste** joue aux **dames,** de la main **gauche**; alors que dans le **loft**, on donne un **bal.**

Une autre façon d'écrire les chiffres:

411   537   526   416
renseignements*/7' après 5.30/ 4' avant 5.30/ code régional de Toronto

* au Canada

2011

37 74 26 41 53 75

37 damier / dame / domaine/ dîme/ dôme
74 mafieux/ mufle/ mufti
26 calotte/ caleçon/ calendrier/ calepin/ céleri/ cil/ cul/ culotte
41 fable/ fabrique/ fibre
53 gade (poisson, type merlan)/ gadoue/ Gide
75 magasin/ magazine/ mégaphone/ MIG/ muguet

Sur le **dôme** d'un minaret, un **mufti**, coiffé d'une **calotte**, lit une **fable** sur André **Gide** dans un **magazine**

2012

26 52 74 26 31 53

26 calotte/ caleçon/ calendrier/ calepin/ céleri/ cil/ cul/ culotte
52 giclement/ giclée/ gauche/ gaucher
74 mafieux/ mufle/ mufti
26 calotte/ caleçon/ calendrier/ calepin/ céleri/ cil/ cul/ culotte
31 débutante/ débat/ doberman
53 gade (poisson, type merlan)/ gadoue/ Gide

Les **cils gauches** d'un **mufti** sont frappés par sa **calotte**; alors qu'il est poursuivi par un **doberman**, courant dans la **gadoue**.

2013

74 41 63 15 27 42

74 mafieux/ mufle/ mufti
41 fable/ fabrique/ fibre
63 lad/ ladre/ lady
15 bagage/ bagagiste/ bague
27 caméra/ camériste/ cime/ ciment/ comète/ cumin/ campeur
42 facteur/ faculté

Un **mafieux** dans une **fabrique**, un vrai **ladre**, vole une **bague**. La **caméra** d'un **facteur** capte la scène.

2014

63 37 52 74 16 31

63 lad/ ladre/ lady
37 dame/ dames/ damier/ démon/ dîme/ dôme/ domaine
52 gauche/ gaucher/ giclement/ giclée/
74 mafieux/ mufle/ mufti
16 ballon/ bal /balle/ balançoire/ billet
31 débat/ débutante/ débiteur/ doberman

Une **lady** joue aux **dames** de la main **gauche**, tandis qu'un **mufti** sur une **balançoire** se fait mordre par un **doberman**.

Je n'ai pas à élaborer sur l'effet que vous produirez lorsque vous indiquerez que Noël 2011 tombe un dimanche.

Avant de terminer le narratif; et de passer à l'anthologie, je vous invite à lire un poème épique de Victor Hugo sur la retraite de Russie; et sur Waterloo.

CHAPITRE 17

L'EXPIATION DE VICTOR HUGO

Mis à part mes mini-versions du Cid et d'Andromaque, voici le plus long texte que j'ai mémorisé.

Il s'agit d'une narration épique, inégalable, sur la retraite de Russie; puis sur Waterloo: un chef d'œuvre de Victor Hugo.

L'expiation

I

Il neigeait. On était vaincu par sa conquête.
Pour la première fois, l'aigle baissait la tête.
Sombres Jours! l'empereur revenait lentement,
Laissant derrière lui brûler Moscou fumant.
Il neigeait. L'âpre hiver fondait en avalanche.
Après la plaine blanche une autre plaine blanche.
On ne connaissait plus les chefs, ni le drapeau.
Hier la grande armée, et maintenant troupeau.
On ne distinguait plus les ailes, ni le centre.
Il neigeait. Les blessés s'abritaient dans le ventre
Des chevaux morts; au seuil des bivouacs désolés
On voyait des clairons à leur poste gelés,
Restés debout en selle et muets, blancs de givre,
Collant leur bouche en pierre aux trompettes de cuivre.
Boulets, mitraille, obus mêlés aux flocons blancs,
Pleuvaient; les grenadiers, surpris d'être tremblants,

Marchaient pensifs, la glace à leur moustache grise,
Il neigeait, il neigeait toujours! La froide bise
Sifflait; sur le verglas dans des lieux inconnus,
On n'avait pas de pain et l'on allait pieds nus.
Ce n'étaient plus des cœurs vivants, des gens de guerre
C'était un rêve errant dans la brume, un mystère,
Une procession d'ombres sous le ciel noir,
La solitude, vaste, épouvantable à voir,
Partout apparaissait, muette vengeresse.
Le ciel faisait sans bruit avec la neige épaisse
Pour cette immense armée un immense linceul;
Et chacun, se sentant mourir, on était seul.
-Sortira-t-on jamais de ce funeste empire?
Deux ennemis! le czar, le nord. Le nord est pire.
On jetait les canons pour brûler les affûts.
Qui se couchait, mourait. Groupe morne et confus,
Ils fuyaient; le désert dévorait le cortège.
On pouvait à des plis qui soulevaient la neige,
Voir que des régiments s'étaient endormis là.
O, chutes d'Annibal! lendemains d'Attila!
Fuyards, blessés, mourants, caissons, brancards, civières
On s'écrasait aux ponts pour passer les rivières,
On s'endormait dix mille, on se réveillait cent.
Ney, que suivait naguère une armée, à présent
S'évadait, disputant sa montre à trois cosaques
Toutes les nuits, qui-vive! Alerte! Assauts! Attaques!
Ces fantômes prenaient leurs fusils, et sur eux
Ils voyaient se ruer, effrayants, ténébreux,
Avec des cris pareils aux voix des vautours chauves,
D'horribles escadrons, tourbillons d'homme fauves.
Tout une armée ainsi dans la nuit se perdait
L'empereur était là, debout, qui regardait.
Il était comme un arbre en proie à la cognée.

Sur ce géant, grandeur jusqu'alors épargnée,
Le malheur, bûcheron sinistre, était monté;
Et lui, chêne vivant, par la hache insulté,
Tressaillant sous le spectre aux lugubres revanches,
Il regardait tomber autour de lui ses branches.
Chefs, soldats, tous mouraient. Chacun avait son tour.
Tandis qu'environnant sa tente avec amour,
Voyant son ombre aller et venir sur la toile,
Ceux qui restaient, croyant encore en son étoile,
Accusaient le destin de lèse majesté,
Lui se sentit soudain dans l'âme épouvanté.
Stupéfait du désastre et ne sachant que croire,
L'empereur se tourna vers Dieu; l'homme de gloire
Trembla; Napoléon comprit qu'il expiait
Quelque chose, peut-être, et, livide, inquiet,
Devant ses légions sur la neige semées:
-Est-ce le châtiment, dit-il, Dieu des armées?
Alors il s'entendit appeler par son nom
Et quelqu'un qui parlait dans l'ombre lui dit : Non.

II

Waterloo! Waterloo! Waterloo! morne plaine!
Comme une onde qui bout dans une urne trop pleine,
Dans ton cirque de bois, de coteaux, de vallons,
La pâle mort mêlait les sombres bataillons.
D'un côté c'est l'Europe et de l'autre la France.
Choc sanglant! des héros Dieu trompait l'espérance;
Tu désertais, victoire, et le sort était las.
O Waterloo : je pleure et je m'arrête, hélas!
Car ces derniers guerriers de la dernière guerre

Furent grands; ils avaient vaincu toute la terre,
Chassé vingt rois, passé les Alpes et le Rhin,
Et leur âme chantait dans les clairons d'airain!

Le soir tombait; la lutte était ardente et noire.
Il avait l'offensive et presque la victoire;
Il tenait Wellington acculé sur un bois.
Sa lunette à la main, il observait parfois
Le centre du combat, point obscur où tressaille
La mêlée, effroyable et vivante broussaille,
Et parfois l'horizon, sombre comme la mer.
Soudain, joyeux, il dit: Grouchy! – C'était Blücher.
L'espoir changea de camp, le combat changea d'âme,
La mêlée en hurlant grandit comme une flamme.
La batterie anglaise écrasa nos carrés.
La plaine où frissonnaient les drapeaux déchirés,
Ne fut plus, dans les cris des mourants qu'on égorge,
Qu'un gouffre flamboyant, rouge comme une forge;
Gouffre où les régiments comme des pans de murs
Tombaient, où se couchaient comme des épis murs
Les hauts tambours-majors aux panaches énormes,
Où l'on entrevoyait des blessures difformes!
Carnage affreux! moment fatal! L'homme inquiet
Sentit que la bataille entre ses mains pliait.
Derrière un mamelon la garde était massée,
La garde, esprit suprême et suprême pensée!
-Allons! Faites donner la garde! – cria-t-il.
Et lanciers, grenadiers aux guêtres de coutil,
Dragonniers que Rome eût pris pour des légionnaires,
Cuirassiers, canonniers qui traînaient des tonnerres,
Portant le noir colback ou le casque poli,
Tous, ceux de Friedland et ceux de Rivoli,
Comprenant qu'ils allaient mourir dans cette fête,

Saluèrent leur Dieu, debout dans la tempête.
Leur bouche, d'un seul cri, dit: vive l'empereur!
Puis, à pas lents, musique en tête, sans fureur,
Tranquilles, souriants à la mitraille anglaise,
La garde impériale entra dans la fournaise.
Hélas! Napoléon, sur sa garde penchée,
Regardait, et, sitôt qu'ils avaient débouché
Sous les sombres canons crachant des jets de souffre,
Voyait, l'un après l'autre, en cet horrible gouffre,
Fondre ces régiments de granit et d'acier
Comme fond une cire au souffle d'un brasier.
Ils allaient l'arme au bras, fronts hauts, graves, stoïques,
Pas un ne recula. Dormez morts héroïques!
Le reste de l'armée hésitait sur leur corps
Et regardait mourir la garde. – C'est alors
Qu'élevant sa voix désespérée,
La Déroute, géante à la face effarée,
Qui, pâle, épouvantant les plus fiers bataillons,
Changeant subitement les drapeaux en haillons,
A de certains moments, spectre fait de fumées,
Se lève grandissante au milieu des armées,
La Déroute apparut au soldat qui s'émeut,
Et, se tordant les bras, cria : Sauve qui peut!
Sauve qui peut! - affront! horreur! – toutes les bouches
Criaient; à travers champs, fous, éperdus, farouches,
Comme si quelque souffle avait passé sur eux,
Parmi les lourds caissons et les fourgons poudreux,
Roulant dans les fossés, se cachant dans les seigles,
Jetant shakos, manteaux, fusils, jetant les aigles,
Sous les sabres prussiens, ces vétérans, ô deuil!
Tremblaient, hurlaient, pleuraient, couraient! – En un clin d'œil,
Comme s'envole au vent une paille enflammée,
S'évanouit ce bruit que fut la grande armée.

Et cette plaine, hélas, où l'on rêve aujourd'hui,
Vit fuir ceux devant qui l'univers avait fui!
Quarante ans sont passés, et ce coin de la terre,
Waterloo, ce plateau funèbre et solitaire,
Ce champ sinistre, où Dieu mêla tant de néants,
Tremble encore d'avoir vu la fuite des géants!

Nous voilà donc fini la narration!

Quelques petits rappels, avant de passer à l'anthologie: un pot pourri de mes poèmes, fables et extraits de pièces de théâtre favoris.

- Tout d'abord, n'oubliez pas de consacrer au moins cinq minutes par jour à la mémorisation.

- Apprenez chaque poème une première fois; puis une seconde; puis une troisième… puis une autre, après quelques semaines... puis encore une autre, après quelques mois; en les relisant à l'occasion pour mieux les graver en mémoire.

- Récitez-vous-les chaque fois que l'occasion s'en présentera : au lit, en voiture, en autobus, en ski; quand vous faîtes la queue, quand vous vous sentez seul, quand vous cherchez un moment de répit…

Ainsi, pourrez-vous, tout comme moi, déclamer des centaines de vers; et éventuellement les transcrire, comme je l'ai fait.

En effet toutes les citations ont été clavigraphiées, de mémoire, avec vérification, bien sûr, et correction du texte et de l'orthographe.

Montréal, 2009 08 04
© Jean de Brabant 2009

APPENDICE A

POÈMES COURTS

Ma maison

*Je veux ma maison bien ouverte
Bonne pour tous les miséreux.*

*Je l'ouvrirai à tout venant
Comme quelqu'un se souvenant
D'avoir longtemps pâti dehors,
Assailli de toutes les morts
Refusé de toutes les portes
Mordu de froid, rongé d'espoir*

*Anéanti d'ennui vivace
Exaspéré d'espoir tenace*

*Toujours en quête de pardon
Toujours en chasse de péché*

Hector de Saint-Denys Garneau

Chanson d'automne

*Les sanglots longs
Des violons
De l'automne
Blessent mon cœur*

D'une langueur
Monotone

Tout suffocant
Et blême quand
Sonne l'heure,
Je me souviens
Des jours anciens
Et je pleure;

Et je m'en vais
Au vent mauvais
Qui m'emporte
Deçà, delà
Pareil à la
Feuille morte.

Paul Verlaine

Bonne justice

C'est la chaude loi des hommes,
Du raisin ils font du vin
Du charbon ils font du feu
Des baisers ils font des hommes

C'est la dure loi des hommes
Se garder intact malgré
Les guerres et la misère,
Malgré les dangers de mort

C'est la douce loi des hommes

De changer l'eau en lumière,
Le rêve en réalité
Les ennemis en frères

Une loi vieille et nouvelle
Qui va se perfectionnant
Du fond du cœur de l'enfant
Jusqu'à la raison suprême.

Paul Éluard

Les amours de Marie

Marie, levez-vous, vous êtes paresseuse:
Jà la gaie alouette au ciel a fredonné,
Et jà le rossignol doucement jargonné,
Dessus l'épine assis, sa complainte amoureuse.

Sus! debout! allons voir l'herbelette perleuse,
Et votre beau rosier de boutons couronné,
Et vos œillets mignons auxquels aviez donné,
Hier au soir, de l'eau, d'une main si soigneuse.

Harsoir en vous couchant vous jurâtes vos yeux
D'être plus tôt que moi ce matin éveillée:
Mais le dormir de l'Aube, aux filles gracieux,

Vous tient d'un doux sommeil encore les yeux sillée.
Çà! Çà! Que je les baise et votre beau tétin,
Cent fois, pour vous apprendre à vous lever matin.

Paul Ronsard

Quand vous serez bien vieille, au soir à la chandelle

Quand vous serez bien vieille, au soir à la chandelle,
Assise auprès du feu, dévidant et filant,
Direz chantant mes vers en vous émerveillant,
"Ronsard me célébrait du temps que j'étais belle."

Lors vous n'aurez servante oyant telle nouvelle,
Déjà sous le labeur à demi sommeillant,
Qui au bruit de mon nom ne s'aille réveillant,
Bénissant votre nom de louange immortelle.

Je serai sous la terre, et fantôme sans os
Par les ondes myrteux je prendrai mon repos;
Vous serez au foyer une vieille accroupie,

Regrettant mon amour et votre fier dédain.
Vivez, si m'en croyez, n'attendez à demain:
Cueillez dès aujourd'hui les roses de la vie.

Ronsard

Elle était déchaussée, elle était décoiffée...

Elle était déchaussée, elle était décoiffée,
Assise, les pieds nus, parmi les joncs penchants;
Moi qui passais par là, je crus voir une fée,
Et je lui dis: Veux-tu t'en venir dans les champs?

Elle me regarda de ce regard suprême
Qui reste à la beauté quand nous en triomphons,
Et je lui dis: Veux-tu, c'est le mois où l'on aime,

Veux-tu nous en aller sous les arbres profonds?

Elle essuya ses pieds sur l'herbe de la rive;
Elle me regarda pour la seconde fois,
Et la belle folâtre alors devint pensive.
Oh! comme les oiseaux chantaient au fond des bois!

Comme l'eau caressait doucement le rivage!
Je vis venir à moi, dans les grands roseaux verts,
La belle fille heureuse, effarée et sauvage,
Les cheveux dans les yeux, et riant au travers.

Victor Hugo

La muse

Bluet aux regards d'améthyste,
Bluet aux yeux de ciel, dis-nous
Ce qui te fait être si triste?
- J'ai vu ses yeux, j'en suis jaloux.

Et toi, simple églantine rose,
Payse aux lèvres de carmin,
Pourquoi sembles-tu si morose?
- Je suis jalouse de son teint.

Toi, beau lys, qu'en dis-tu? - Que n'ai-je
Le fin velouté, la blancheur,
La fraîcheur d'aurore et de neige
De sa diaphane blondeur!

Je comprends votre jalousie,
O fleurs, c'est qu'hier, en ces lieux,
Dans sa robe de fantaisie
La Muse a passé sous vos yeux.

Nérée Beauchemin

L'albatros

Souvent, pour s'amuser, les hommes d'équipage
Prennent des albatros, vastes oiseaux des mers,
Qui suivent, indolents compagnons de voyage,
Le navire glissant sur les gouffres amers.

A peine les ont-ils déposés sur les planches,
Que ces rois de l'azur, maladroits et honteux,
Laissent piteusement leurs grandes ailes blanches
Comme des avirons traîner à côté d'eux.

Ce voyageur ailé, ce qu'il est gauche et veule!
Lui, naguère si beau, qu'il est comique et laid!
L'un agace son bec avec un brûle-gueule,
L'autre mime, en boitant, l'infirme qui volait!

Le poète est semblable au prince des nuées
Qui hante la tempête et se rit de l'archer:
Exilé sur le sol au milieu des huées,
Ses ailes de géant l'empêchent de marcher.

Baudelaire

En allant à la chartreuse de Miraflorès

Oui c'est une montée âpre, longue et poudreuse,
Un revers décharné, vrai site de Chartreuse.
Les pierres du chemin, qui croulent sous les pieds,
Trompent à chaque instant les pas mal appuyés.
Pas un brin d'herbe vert, pas une teinte fraîche;
On ne voit que des murs bâtis en pierre sèche,
Des groupes contrefaits d'oliviers rabougris,
Au feuillage malsain couleur de vert-de-gris,
Des pentes au soleil que nulle fleur n'égaie,
Des roches de granit et des ravins de craie.
Et l'on se sent le cœur de tristesse serré...
Mais, quand on est en haut, coup d'œil inespéré!
On aperçoit là-bas, dans le bleu de la plaine,
L'église où dort le Cid près de doña Chimène!

Théophile Gautier

Green

Voici des fruits, des fleurs, des feuilles et des branches
Et puis voici mon cœur qui ne bat que pour vous.
Ne le déchirez pas avec vos deux mains blanches
Et qu'à vos yeux si beaux l'humble présent soit doux.

J'arrive tout couvert encore de rosée
Que le vent du matin vient glacer à mon front.
Souffrez que ma fatigue à vos pieds reposée,
Rêve des chers instants qui la délasseront.

Sur votre jeune sein laissez rouler ma tête

94

Toute sonore encore de vos dernier baisers;
Laissez-la s'apaiser de la bonne tempête,
Et que je dorme un peu puisque vous reposez.

Verlaine

Mon rêve familier

Je fais souvent ce rêve étrange et pénétrant
D'une femme inconnue, et que j'aime, et qui m'aime,
Et qui n'est, chaque fois, ni tout à fait la même
Ni tout à fait une autre, et m'aime et me comprend

Car elle me comprend, et mon cœur transparent
Pour elle seule, hélas! cesse d'être un problème
Pour elle seule, et les moiteurs de mon front blême,
Elle seule les sait rafraîchir, en pleurant.

Est-elle brune, blonde ou rousse? - Je l'ignore.
Son nom? Je me souviens qu'il est doux et sonore
Comme ceux des aimés que la Vie exila.

Son regard est pareil au regard des statues,
Et pour sa voix, lointaine, et calme, et grave, elle a
L'inflexion des voix chères qui se sont tues.

Verlaine

A une passante

La rue assourdissante autour de moi hurlait.
Longue, mince, en grand deuil, douleur majestueuse,
Une femme passa, d'une main fastueuse,
Soulevant, balançant le feston et l'ourlet;

Agile et noble, avec sa jambe de statue.
Moi, je buvais, crispé comme un extravagant,
Dans son œil, ciel livide où germe l'ouragan
La douceur qui fascine et le plaisir qui tue.

Un éclair... puis la nuit! - Fugitive beauté
Dont le regard m'a fait soudainement renaître,
Ne te verrai-je plus que dans l'éternité?

Ailleurs, bien loin d'ici, trop tard, jamais peut-être!
Car j'ignore où tu fuis, tu ne sais où je vais,
Ô toi que j'eusse aimée, ô toi qui le savais!

Baudelaire

Vieux piano

L'âme ne frémit plus chez ce vieil instrument;
Son couvercle baissé lui donne un aspect sombre;
Relégué du salon, il sommeille dans l'ombre
Ce misanthrope aigri de son isolement.

Je me souviens encor des nocturnes sans nombre
Que me jouait ma mère, et je songe, en pleurant,

A ces soirs d'autrefois - passés dans la pénombre,
Quand Liszt se disait triste et Beethoven mourant.

Ô vieux piano d'ébène, image de ma vie,
Comme toi du bonheur ma pauvre âme est ravie,
Il te manque une artiste, il me faut L'Idéal;

Et pourtant là tu dors, ma seule joie au monde,
Qui donc fera renaître, ô détresse profonde,
De ton clavier funèbre un concert triomphal?

Émile Nelligan

La tapisserie de sainte Geneviève et de Jeanne d'Arc
Premier jour

Comme elle avait gardé les moutons à Nanterre,
On la mit à garder un bien autre troupeau,
La plus énorme horde où le loup et l'agneau
Aient jamais confondu leur commune misère.

Et comme elle veillait tous les soirs solitaire
Dans la cour de la ferme ou sur le bord de l'eau,
Du pied du même saule et du même bouleau,
Elle veille aujourd'hui sur ce monstre de pierre.

Et quand le soir viendra qui fermera le jour,
C'est elle la caduque et l'antique bergère,
Qui ramassant Paris et tout son alentour

Conduira d'un pas ferme et d'une main légère,
Pour la dernière fois dans la dernière cour

Le troupeau le plus vaste à la droite du père.

Charles Péguy

Abel et Caïn

La terre verdissait, qui venait d'émerger
Des primitives eaux. L'antre au sombre orifice
Était, en ces jours-là, son unique édifice,
Et l'homme vagabond y pouvait héberger.

Or, deux frères vivaient: un semeur, un berger.
Ils offrirent à Dieu le premier sacrifice.
Le berger fut béni. L'autre, usant d'artifice,
L'attira sur son cœur afin de l'égorger.

La terre qui grandit dans la magnificence,
S'enivre encore, hélas! du sang de l'innocence,
Et garde la blessure ouverte dans son sein.

Et le bien et le mal seront toujours en lutte;
Et les derniers enfants de la dernière hutte
Seront peut-être encore un Abel, un Caïn.

Léon-Pamphile Le May

Carmen

Carmen est maigre - un trait de bistre
Cerne son œil de gitana:
Ses cheveux sont d'un noir sinistre;

Sa peau, le diable la tanna.

Les femmes disent qu'elle est laide,
Mais tous les hommes en sont fous;
Et l'Archevêque de Tolède
Chante la messe à ses genoux.

Car sur sa nuque d'ambre fauve
Se tord un immense chignon
Qui, dénoué, fait dans l'alcôve
Une mante à son corps mignon.

Et, parmi sa pâleur, éclate
Une bouche aux rires vainqueurs,
Piment rouge, fleur écarlate,
Qui prend sa pourpre au sang des cœurs.

Ainsi fait la moricaude
Bat les plus altières beautés,
Et de ses yeux la lueur chaude
Rend la flamme aux satiétés.

Elle a dans sa laideur piquante
Un grain de sel de cette mer,
D'où surgit nue et provocante,
L'âcre Vénus du gouffre amer.

Théophile Gautier

Le pont Mirabeau

Sous le pont Mirabeau coule la Seine
Et nos amours

Faut-il qu'il m'en souvienne
La joie venait toujours après la peine
Vienne la nuit sonne l'heure
Les jours s'en vont je demeure

Les mains dans les mains restons face à face
Tandis que sous
Le pont de nos bras passe
Des éternels regards l'onde si lasse
Vienne la nuit sonne l'heure
Les jours s'en vont je demeure

L'amour s'en va comme cette eau courante
L'amour s'en va
Comme la vie est lente
Et comme l'espérance est violente
Vienne la nuit sonne l'heure
Les jours s'en vont je demeure

Passent les jours et passent les semaines
Ni temps passé
Ni les amours reviennent
Sous le pont Mirabeau coule la Seine
Vienne la nuit sonne l'heure
Les jours s'en vont je demeure

Guillaume Apollinaire

Le Niagara

L'onde majestueuse avec lenteur s'écoule;
Puis, sortant tout à coup de ce calme trompeur,

Furieux, et frappant les échos de stupeur,
Dans l'abîme sans fond le fleuve immense croule.

C'est la Chute! son bruit de tonnerre fait peur
Même aux oiseaux errants, qui s'éloignent en foule
Du gouffre formidable où l'arc-en-ciel déroule
Son écharpe de feu sur un lit de vapeur.

Tout tremble; en un instant cette énorme avalanche
D'eau verte se transforme en monts d'écume blanche,
Farouches, éperdus, bondissant, mugissant...
Et pourtant, ô mon Dieu, ce flot que tu déchaînes,
Qui brise les rochers, pulvérise les chênes,
Respecte le fétu qu'il emporte en passant.

Louis-Honoré Fréchette

Les Pyramides

Comme au milieu des mers d'immobiles vaisseaux,
Depuis des milliers d'ans vous dormez dans vos sables,

Et sur vos fronts, pour vous créer impérissables,
La force et le génie ont imprimé leurs sceaux.

Vainement la lumière, en radieux faisceaux,
Pleut sur vous, vos secrets restent insaisissables.
L'antiquité, voyant vos traits ineffaçables,
Croirait se réveiller auprès de vos berceaux.

Avec l'âge qui vient, ô monuments austères!
Vous cachez plus avant vos étranges mystères,

Et vous portez plus haut des fronts plus solennels.

Mais bientôt l'homme, hélas! disparaît, quoi qu'il fasse,
Et le nom de ces rois qui vous font éternels,
Avec l'âge qui vient de plus en plus s'efface.

Léon-Pamphile Le May

Les chercheurs d'or

Ambitieux poussés par une même faim,
Urbain au geste digne, et voyou de la rue,
Racaille, paysan qui laisse sa charrue,
Ils vont dans l'ignoré défier le destin.

Sous un ciel sans soleil poursuivant son chemin,
Au milieu de la plaine inquiétante et nue,
C'est peut-être à la mort que court cette cohue
Ruée aveuglément à son espoir lointain...

Affamés qui jouez contre l'or votre vie,
Foule dont l'âme avide au gain est asservie,
Arrêtez-vous devant l'exemple du passé!

Mesurez jusqu'au bout l'immense et blanc suaire,
Écoutez la chanson que la bise polaire
Souffle à travers les os jonchant le sol glacé!

Charles Gill

Et te donner ne suffit plus, tu te prodigues

Et te donner ne suffit plus, tu te prodigues:
L'élan qui t'emporte à nous aimer plus fort, toujours,
Bondit et rebondit, sans cesse et sans fatigue,
Toujours plus haut vers le grand ciel du plein amour.

Un serrement de mains, un regard doux t'enfièvre;
Et ton cœur m'apparaît si soudainement beau
Que j'ai crainte, parfois, de tes yeux et tes lèvres,
Et que j'en sois indigne et que tu m'aimes trop.

Ah! ces claires ardeurs de tendresse trop haute
Pour le pauvre être humain qui n'a qu'un pauvre cœur
Tout mouillé de regrets, tout épineux de fautes,
Pour les sentir passer et se résoudre en pleurs.

Émile Verhaeren

Ardeur des sens, ardeur des cœurs...

Ardeur des sens, ardeur des cœurs, ardeur des âmes,
Vains mots créés par ceux qui diminuent l'amour;
Soleil, tu ne distingues pas d'entre tes flammes
Celles du soir, de l'aube ou du midi des jours.

Tu marches aveuglé par ta propre lumière,
Dans le torride azur, sous les grands cieux cintrés,
Ne sachant rien, sinon que ta force est plénière
Et que ton feu travaille aux mystères sacrés.

Car aimer, c'est agir et s'exalter sans trêve;
O toi, dont la douceur baigne mon cœur altier,
A quoi bon soupeser l'or pur de notre rêve?
Je t'aime tout entière, avec mon être entier.

Émile Verhaeren

Jocelyn

L'aigle de la montagne un jour dit au soleil:
"Pourquoi luire plus bas que ce sommet vermeil?
A quoi sert d'éclairer ces prés, ces gorges sombres,
De salir tes rayons sur l'herbe dans ces ombres?
La mousse imperceptible est indigne de toi!"
"-Oiseau, dit le soleil, viens et monte avec moi!"

L'aigle, avec le rayon s'élevant dans la nue,
Vit la montagne fondre et baisser à sa vue;
Et quand il eut atteint son horizon nouveau,
A son œil confondu tout parut de niveau.
"Eh bien! dit le soleil, tu vois, oiseau superbe,
Si pour moi la montagne est plus haute que l'herbe?
Rien n'est grand ni petit devant mes yeux géants:
La goutte d'eau me peint comme les océans;
De tout ce qui me voit je suis l'astre et la vie;
Comme le cèdre altier l'herbe me glorifie;
J'y chauffe la fourmi, des nuits j'y bois les pleurs,
Mon rayon s'y parfume en trainant sur les fleurs."

Alphonse de Lamartine

Ce siècle avait deux ans

Si parfois de mon sein s'envolent mes pensés
Mes chansons par le monde en lambeaux dispersés.
S'il me plaît de cacher l'amour et la douleur
Dans un coin de roman ironique et railleur;
Si j'ébranle la scène avec ma fantaisie,
Si j'entrechoque aux yeux d'une foule choisie
D'autres hommes comme eux vivant tous à la fois
De mon souffle et parlant au peuple avec ma voix.
Si ma tête, fournaise où mon esprit s'allume,
Jette le vers d'airain qui bouillonne et qui fume,
Dans un rythme profond, moule mystérieux
D'où sort la strophe ouvrant ses ailes dans les cieux.
C'est que l'amour, la tombe, et la gloire, et la vie,
L'onde qui fuit par l'onde incessamment suivie,
Tout souffle, tout rayon, ou propice ou fatal,
Fait reluire et vibrer mon âme de cristal,
Mon âme aux mille voix, que le Dieu que j'adore
Mit au centre de tout comme un écho sonore.

Victor Hugo

Si je mourais là-bas...

Si je mourais là-bas sur le front de l'armée
Tu pleurerais un jour Ô Lou ma bien-aimée
Et puis mon souvenir s'éteindrait comme meurt
Un obus éclatant sur le front de l'armée
Un bel obus semblable aux mimosas en fleur.

Et puis ce souvenir éclaté dans l'espace
Couvrirait de mon sang le monde tout entier
La mer les monts les vals et l'étoile qui passe
Les soleils merveilleux mûrissant dans l'espace
Comme font les fruits d'or autour de Baratier

Souvenir qu'on oublie vivant de toutes choses
Je rougirais le bout de tes jolis seins roses
Je rougirais ta bouche et tes cheveux sanglants
Tu ne veillerais point toutes ces belles choses
Rajeuniraient toujours pour leurs destins galants

Le fatal giclement de mon sang sur le monde
Donnerait au soleil une plus vive clarté
Aux fleurs plus de couleur plus de vitesse à l'onde
Un amour inouï descendrait sur le monde
L'amant serait plus fort dans ton corps écarté

Lou si je meurs là-bas souvenir qu'on oublie
- Souviens-t-en quelquefois aux instants de folie
De jeunesse et d'amour et d'éclatante ardeur -
Mon sang c'est la fontaine ardente du bonheur
Et sois la plus heureuse étant la plus jolie

Ô mon unique amour et ma grande folie.

Guillaume Apollinaire

APPENDICE B

POÈMES DE LONGUEUR MOYENNE

Il est certains esprits...

Il est certains dont les sombres pensées
Sont d'un nuage épais toujours embarrassés:
Le jour de la raison ne le saurait percer.
Avant donc que d'écrire, apprenez à penser.
Selon que notre idée est plus ou moins obscure,
L'expression la suit, ou moins nette, ou plus pure.
Ce qui se conçoit bien s'énonce clairement,
Et les mots pour le dire arrivent aisément

Surtout qu'en vos écrits la langue révérée
Dans vos plus grands excès vous soit toujours sacrée.
En vain, vous me frappez d'un son mélodieux,
Si le terme est impropre ou le tour vicieux:
Mon esprit n'admet point un pompeux barbarisme,
Ni d'un vers ampoulé l'orgueilleux solécisme.
Sans la langue en un mot, l'auteur le plus divin
Est toujours, quoiqu'il fasse, un méchant écrivain.

Travaillez à loisir, quelque ordre qui vous presse,
Et ne vous piquez point d'une folle vitesse:
Un style si rapide, et qui court en rimant,
Marque moins trop d'esprit que peu de jugement.
J'aime mieux un ruisseau qui, sur la molle arène,
Dans un pré plein de fleurs lentement se promène,
Qu'un torrent débordé qui, d'un cours orageux,

Roule, plein de gravier, sur un terrain fangeux.
Hâtez-vous lentement, et, sans perdre courage,
Vingt fois sur le métier remettez votre ouvrage.
Polissez-le souvent et le repolissez;
Ajoutez quelquefois et souvent effacez

Nicolas Boileau

Art poétique

De la musique avant toute chose,
Et pour cela préfère l'impair
Plus vague et plus soluble dans l'air,
Sans rien en lui qui pèse ou qui pose.

Il faut aussi que tu n'ailles point
Chercher tes mots sans quelque méprise:
Rien de plus cher que la chanson grise
Où l'Indécis au Précis se joint.

C'est des beaux yeux derrière des voiles,
C'est le grand jour tremblant de midi.
C'est par un ciel d'automne attiédi,
Le bleu fouillis des claires étoiles.

Car nous voulons la Nuance encor,
Pas la Couleur, rien que la nuance!
Oh! la nuance seule fiance
Le rêve au rêve et la flûte au cor!

Fuis du plus loin la Pointe assassine,
L'Esprit cruel et le Rire impur,
Qui font pleurer les yeux de l'Azur,
Et tout cet ail de basse cuisine!

Prends l'éloquence et tord lui son cou!
Tu feras bien, en train d'énergie,
De rendre un peu la Rime assagie,
Si l'on y veille, elle ira jusqu'où?

Ô qui dira les torts de la Rime?
Quel enfant sourd ou quel nègre fou
Nous a forgé ce bijou d'un sou
Qui sonne creux et faux sous la lime?

De la musique encore et toujours!
Que ton vers soit la chose envolée
Qu'on sent qui fuit d'une âme en allée
Vers d'autres cieux à d'autres amours.

Que ton vers soit la bonne aventure
Éparse au vent crispé du matin
Qui va fleurant la menthe et le thym...
Et tout le reste est littérature.

Paul Verlaine

Oceano nox

Oh! Combien de marins, combien de capitaines
Qui sont partis joyeux pour des courses lointaines,
Dans ce morne horizon se sont évanouis!
Combien ont disparu, dure et triste fortune!
Dans une mer sans fond, par une nuit sans lune,
Sous l'aveugle océan, à jamais enfouis!

Combien de patrons morts avec leur équipage!
L'ouragan de leur vie a pris toutes les pages
Et d'un souffle il a tout dispersé sur les flots!
Nul ne saura leur fin dans l'abime plongée.
Chaque vague en passant d'un butin s'est chargée:
L'une a saisi l'esquif, l'autre les matelots!

Nul ne sait votre sort, pauvres têtes perdues!
Vous roulez à travers les sombres étendues,
Heurtant de vos fronts morts des écueils inconnus.
Oh! que de vieux parents, qui n'avaient plus qu'un rêve,
Sont morts en attendant tous les jours sur la grève
Ceux qui ne sont pas revenus!

On s'entretient de vous parfois dans les veillées.
Maint joyeux cercle, assis sur des ancres rouillés,
Mêle encore quelque temps vos noms d'ombre couverts
Aux rires, aux refrains, aux récits d'aventures,
Aux baisers qu'on dérobe à vos belles futures,
Tandis que vous dormez dans les goémons verts!

On demande: - Où sont-ils? Sont-ils rois dans quelque île?
Nous ont-ils délaissés pour un bord plus fertile?
Puis votre souvenir même est enseveli.
Le corps se perd dans l'eau, le nom dans la mémoire.
Le temps, qui sur toute ombre en verse une plus noire,
Sur le sombre océan verse le sombre oubli.

Bientôt des yeux de tous votre ombre est disparue.
L'un n'a-t-il pas sa barque et l'autre sa charrue?
Seules, durant ces nuits où l'orage est vainqueur,
Vos veuves aux fronts blancs, lasses de vous attendre,
Parlent encore de vous en remuant la cendre
De leur foyer et leur cœur!

Et quand la tombe enfin fermera leur paupière,
Rien ne sait plus vos noms, pas même une humble pierre
Dans l'étroit cimetière, où l'écho nous répond,
Pas même un saule vert qui s'effeuille à l'automne,
Pas même la chanson naïve et monotone
Que chante un mendiant à l'angle d'un vieux pont!

Où sont ils les marins sombrés dans les nuits noires?
Ô flots, que vous savez de lugubres histoires!
Flots profonds redoutés des mères à genoux!
Vous vous les racontez en montant les marées,
Et c'est ce qui vous fait ces voix désespérées
Que vous avez le soir quand vous venez vers nous!

Victor Hugo

Le Chant des voyageurs

A nous les bois et leurs mystères,
Qui pour nous n'ont plus de secrets!
A nous le fleuve aux ondes claires
Où se reflète la forêt,
A nous l'existence sauvage
Pleine d'attraits et de douleurs!
A nous les sapins dont l'ombrage,
Nous rafraîchit dans nos labeurs.
Dans la forêt et sur la cage
Nous sommes trente voyageurs.

Bravant la foudre et les tempêtes
Avec leur aspect solennel,
Qu'ils sont beaux ces pins dont les têtes
Semblent les colonnes du ciel!
Lorsque privés de leur feuillage
Ils tombent sous nos coups vainqueurs,
On dirait que dans le nuage
L'esprit des bois verse des pleurs.
Dans la forêt et sur la cage
Nous sommes trente voyageurs.

Quand la nuit de ses voiles sombres
Couvre nos cabanes de bois,
Nous regardons passer les ombres
Des Algonquins, des Iroquois.
Ils viennent ces rois d'un autre âge,
Conter leurs antiques grandeurs
A ces vieux chênes que l'orage
N'a pu briser dans ses fureurs,

Dans la forêt et sur la cage
Nous sommes trente voyageurs.

Puis sur la cage qui s'avance
Avec les flots du Saint-Laurent,
Nous rappelons de notre enfance
Le souvenir doux et charmant.
La blonde laissée au village,
Nos mères et nos jeunes sœurs,
Qui nous attendent au rivage,
Tour à tour font battre nos cœurs.
Dans la forêt et sur la cage
Nous sommes trente voyageurs.

Quand viendra la triste vieillesse
Affaiblir nos bras et nos voix,
Nous conterons à la jeunesse
Nos aventures d'autrefois.
Quand enfin pour ce grand voyage,
Où tous les hommes sont rameurs,
La mort viendra nous crier: Nage!
· Nous dirons bravant ses terreurs:
Dans la forêt et sur la cage
Nous sommes trente voyageurs.

Octave Crémazie

Phares

Rubens, fleuve d'oubli, jardin de la paresse
Oreiller de chair fraîche où l'on ne peut aimer,
Mais où la vie afflue et s'agite sans cesse,
Comme l'air dans le ciel et la mer dans la mer;

Léonard de Vinci, miroir profond et sombre,
Où des anges charmants, avec un doux souris
Tout chargé de mystère, apparaissent à l'ombre
Des glaciers et des pins qui ferment leur pays,

Rembrandt, triste hôpital tout rempli de murmures,
Et d'un grand crucifix décoré seulement,
Où la prière en pleurs s'exhale des ordures,
Et d'un rayon d'hiver traversé brusquement;

Michel-Ange, lieu vague où l'on voit des Hercules
Se mêler à des Christs, et se lever tout droits
Des fantômes puissants qui dans les crépuscules
Déchirent leur suaire en étirant leurs doigts;

Colères de boxeur, impudences de faune,
Toi qui sus ramasser la beauté des goujats,
Grand cœur gonflé d'orgueil, homme débile et jaune,
Puget, mélancolique empereur des forçats,

Watteau, ce carnaval où bien des cœurs illustres,
Comme des papillons, errent en flamboyant,
Décors frais et légers éclairés par des lustres
Qui versent la folie à ce bal tournoyant;

Goya, cauchemar plein de choses inconnues,
De fœtus qu'on fait cuire au milieu des sabbats,
De vieilles au miroir et d'enfants toutes nues,
Pour tenter les démons ajustant bien leurs bas;

Delacroix, lac de sang hanté des mauvais anges,
Ombragé par un bois de sapins toujours vert,
Où, sous un ciel chagrin, des fanfares étranges
Passent, comme un soupir étouffé de Weber;

Ces malédictions, ces blasphèmes, ces plaintes,
Ces extases, ces cris, ces pleurs, ces Te Deum,
Sont un écho redit par mille labyrinthes;
C'est pour les cœurs mortels un divin opium!

C'est un cri répété par mille sentinelles,
Un ordre renvoyé par mille porte-voix;
C'est un phare allumé sur mille citadelles,
Un appel de chasseurs perdus dans les grands bois!

Car c'est vraiment, Seigneur, le meilleur témoignage
Que nous puissions donner de notre dignité
Que cet ardent sanglot qui roule d'âge en âge
Et vient mourir au bord de votre éternité!

Charles Baudelaire

Les bijoux

La très chère était nue, et, connaissant mon cœur,
N'avait gardé sur elle que ses bijoux sonores,
Dont le riche attirail lui donnait l'air vainqueur

Qu'ont dans leurs jours heureux les esclaves des maures.

Quand il jette en dansant son bruit vif et moqueur,
Ce monde rayonnant de métal et de pierre
Me ravit en extase et j'aime à la fureur
Ces choses où le son se mêle à la lumière.

Elle était donc couchée et se laissait aimer,
Et du haut du divan, elle souriait d'aise
A mon amour profond et doux comme la mer
Qui vers elle montait comme vers sa falaise.

Les yeux fixés sur moi comme un tigre dompté,
D'un air vague et rêveur, elle essayait des poses
Et la candeur unie à la lubricité
Donnait un charme neuf à ses métamorphoses.

Et son bras et sa jambe, et sa cuisse et ses reins,
Polis comme de l'huile, onduleux comme un cygne,
Passaient devant mes yeux clairvoyants et sereins
Et son ventre et ses seins, ces grappes de ma vigne,

S'avançaient plus câlins que les anges du mal,
Pour troubler le repos où mon âme était mise
Et pour la déranger du rocher de cristal,
Où calme et solitaire, elle s'était assise.

Je croyais voir unis par un nouveau dessin
Les hanches de l'Antiope au buste d'un imberbe,
Tant sa taille faisait ressortir son bassin.
Sur ce teint fauve et brun, le fard était superbe.

- Et la lampe s'étant résignée à mourir,
Comme le foyer seul illuminait la chambre,
Chaque fois qu'il poussait un flamboyant soupir,
Il inondait de sang cette peau couleur d'ambre!

Charles Baudelaire

Quand l'infidèle usait envers moi de ses charmes

Quand l'infidèle usait envers moi de ses charmes,
Son traître cœur m'allait de soupirs émouvant,
Sa bouche de serments, et ses deux yeux de larmes,
Mais enfin ce n'étaient que des eaux, et du vent!

Elle jurait ses yeux, lumière parjurée,
Et ses yeux consentaient à l'infidélité,
Que notre amour serait à jamais assurée,
Mais ses yeux profanés n'ont pas dit vérité.

Ses yeux qui nourrissaient tant d'arcs en leurs prunelles,
S'ils ne m'eussent déçu, l'on s'en fût ébahi,
Ses yeux qui n'étaient siens que pour être infidèles
Il y allait du leur, s'ils ne m'eussent trahi.

Je devais souhaiter, afin de ne me plaindre,
Qu'ils n'eussent pu s'aider sinon de la rigueur:
Infidèle aux beaux yeux qui savez si bien feindre,
Changerez-vous point d'yeux aussi bien que de cœur?

Elle jurait ses yeux qu'elle s'était rangée
A ne vouloir changer d'humeur aucunement,
Et si ne mentait pas, bien qu'elle soit changée,

117

Car son humeur était le même changement.

Elle jurait ses yeux qui pour feindre des peines
Arrosaient son beau sein de leur humidité.
Je pensais que ses yeux fussent vives fontaines,
Et qu'elle eût dedans l'âme un roc de fermeté.

Mais je me trompais bien de penser cela d'elle,
Et ne connaissais pas ses traits malicieux,
Ce n'était que du vent enclos en sa cervelle,
Qui se tournait en pluie, et sortait par ses yeux.

Si toujours je ne l'eusse en mon âme adorée,
Je ne blâmerais pas son courage léger,
Et ne l'attaquerais de sa foi parjurée,
Si je n'eusse aimée assez pour l'obliger.

Apprenons de ce sexe à le traiter de même:
A nous tenir en garde, et ne nous fier point.
Faisons la guerre à l'œil, aimant comme on nous aime,
Et ne nous engageons si ce n'est bien à point.

Si l'on nous veut aimer, ne trouvons point étrange
D'aimer encore plus, et d'aller bien servant,
Mais ces Caméléons qui n'aiment que le change
Saoulons-les d'inconstance, et les paissons de vent.

Infidèle beauté, qui me rendras plus sage
Désormais à l'endroit des autres que de toi,
Je te dois mon école, et mon apprentissage,
Et te payant ces vers, c'est ce que je te dois.

Jacques Davy Du Perron (1555-1618)

Ce que disent les hirondelles

Chanson d'automne

Déjà plus d'une feuille sèche
Parsème les gazons jaunis;
Soir et matin, la brise est fraîche,
Hélas! les beaux jours sont finis!

On voit s'ouvrir les fleurs que garde
Le jardin, pour dernier trésor;
Le dahlia met sa cocarde
Et le souci sa toque d'or.

La pluie au bassin fait des bulles;
Les hirondelles sur le toit
Tiennent des conciliabules:
Voici l'hiver, voici le froid!

Elles s'assemblent par centaines,
Se concertant pour le départ.
L'une dit: "Oh! que dans Athènes
Il fait bon sur le vieux rempart!

"Tous les ans, je vais et je niche
Aux métopes du Parthénon.
Mon nid bouche dans la corniche
Le trou d'un boulet de canon."

L'autre: "J'ai ma petite chambre
A Smyrne, au plafond d'un café.
Les Hadjis comptent leurs grains d'ambre
Sur le seuil d'un rayon chauffé.

" J'entre et je sors accoutumée
Aux blondes vapeurs des chibouchs,
Et parmi les flots de fumée,
Je rase turbans et tarbouchs."

Celle-ci: "J'habite un triglyphe
Au fronton d'un temple à Balbeck.
Je m'y suspends avec ma griffe
Sur mes petits au large bec."

Celle-là: "Voici mon adresse:
Rhodes, palais des chevaliers;
Chaque hiver, ma tente s'y dresse
Au chapiteau des noirs piliers."

La cinquième: "Je ferai halte,
Car l'âge m'alourdit un peu,
Aux blanches terrasses de Malte,
Entre l'eau bleue et le ciel bleu."

La sixième: "Qu'on est à l'aise,
Au Caire, en haut des minarets!
J'empâte un ornement de glaise,
Et mes quartiers d'hiver sont prêts."

"A la seconde cataracte,
Fait la dernière, j'ai mon nid;
J'en ai noté la place exacte,

Dans le pschent d'un roi de granit."

Toutes: "Demain combien de lieues
Auront filé sous notre essaim,
Plaines brunes, pics blancs, mers bleues
Brodant d'écume leur bassin!"

Avec cris et battements d'ailes,
Sur la moulure aux bords étroits,
Ainsi jasent les hirondelles,
Venant venir la rouille aux bois.

Je comprends tout ce qu'elles disent,
Car le poète est un oiseau,
Mais, captif ses élans se brisent
Contre un invisible réseau!

Des ailes! des ailes! des ailes!
Comme dans le chant de Ruckert,
Pour voler, là-bas avec elles
Au soleil d'or, au printemps vert!

Théophile Gautier

Etoiles, qui d'en haut voyez valser les mondes...

Étoiles qui d'en haut voyez valser les mondes,
Faites pleuvoir sur moi, de vos paupières blondes,
Vos pleurs de diamant;
Lune, lys de la nuit, fleur du divin parterre,
Verse-moi tes rayons, ô blanche solitaire,
Du fond du firmament!

Œil ouvert sans repos au milieu de l'espace,
Perce, soleil puissant, ce nuage qui passe!
Que je te voie encor:
Aigles, vous qui fouettez le ciel à grands coups d'ailes,
Griffons au vol de feu, rapides hirondelles,
Prêtez-moi votre essor!

Vents, qui prenez aux fleurs leurs âmes parfumées
Et les aveux d'amour aux bouches bien-aimées,
Air sauvage des monts,
Encor tout imprégné des senteurs du mélèze;
Brise de l'Océan où l'on respire à l'aise,
Emplissez mes poumons!

Avril, pour m'y coucher m'a fait un tapis d'herbe;
Le lilas sur mon front s'épanouit en gerbe.
Nous sommes au printemps.
Prenez-moi dans vos bras, doux rêves du poète,
Entre vos seins polis posez ma pauvre tête
Et bercez moi longtemps.

Loin de moi, cauchemars, spectres des nuits! Les roses,
Les femmes, les chansons, toutes les belles choses

Et tous les beaux amours,
Voilà ce qu'il me faut. Salut ô muse antique,
Muse au frais laurier vert, à la blanche tunique,
Plus jeune tous les jours!

Brune aux yeux de lotus, blonde à paupière noire,
Ô Grecque de Milet, sur l'escabeau d'ivoire
Pose tes beaux pieds nus.
Que de nectar vermeil la coupe se couronne!
Je bois à ta santé d'abord, blanche Théone,
Puis aux dieux inconnus.

Ta gorge est plus lascive et plus souple que l'onde;
Le lait n'est pas si pur et la pomme est moins ronde.
Allons un beau baiser!
Hâtons-nous, hâtons-nous! Notre vie, ô Théone,
Est un cheval ailé que le Temps éperonne,
Hâtons-nous d'en user.

Chantons Io, Péan!... Mais quelle est cette femme
Si pâle sous son voile? Ah! c'est toi, vieille infâme.
Je vois ton crâne ras;
Je vois tes grands yeux creux, prostituée immonde,
Courtisane éternelle environnant le monde
Avec tes maigres bras!

Théophile Gautier

APPENDICE C

QUELQUES LONGS POÈMES

Aimons toujours! Aimons encore!...

Aimons toujours! Aimons encore!
Quand l'amour s'en va, l'espoir fuit.
L'amour, c'est le cri de l'aurore.
L'amour c'est l'hymne de la nuit.

Ce que le flot dit aux rivages,
Ce que le vent dit aux vieux monts,
Ce que l'astre dit aux nuages,
C'est ce mot ineffable : Aimons!

L'amour fait songer, vivre et croire.
Il a pour réchauffer les cœurs,
Un rayon de plus que la gloire,
Et ce rayon c'est le bonheur!

Aime! qu'on les loue ou les blâme,
Toujours les grands cœurs aimeront :
Joins cette jeunesse de l'âme
A la jeunesse de ton front!

Aime, afin de charmer tes heures!
Afin qu'on voie en tes beaux yeux
Des voluptés intérieures
Le sourire mystérieux!

Aimons toujours davantage!
Unissons-nous mieux tous les jours.
Les arbres croissent en feuillage :
Que ton âme croisse en amour!

Soyons le miroir et l'image
Soyons la couleur et le parfum!
Les amants, qui, seuls sous l'ombrage,
Se sentent deux et ne sont qu'un!

Les poètes cherchent les belles.
La femme, ange aux chastes faveurs,
Aime à rafraichir sous ses ailes
Les grands fronts brûlants et rêveurs.

Venez à nous, beautés touchantes!
Viens à moi, toi, mon bien, ma loi!
Ange, viens à moi quand tu chantes,
Et quand tu pleures, viens à moi!

Nous seuls comprenons vos extases.
Car notre esprit n'est point moqueur;
Car les poètes sont les vases
Où les femmes versent leur cœur.

Moi qui ne cherche dans ce monde
Que la seule réalité,
Moi qui laisse fuir comme l'onde
Tout ce qui n'est que vanité.

Je préfère aux biens dont s'enivre
L'orgueil de soldat ou du roi,
L'ombre que tu fais sur mon livre
Quand ton ombre se penche sur moi.

Toute ambition allumée
Dans notre esprit, brasier subtil,
Tombe en cendre ou vole en fumée,
Et l'on se dit : « Qu'en reste-t-il? »

Tout plaisir, fleur à peine éclose
Dans notre avril sombre et terni,
S'effeuille et meurt, lis, myrte ou rose,
Et l'on se dit : « C'est donc fini! »

L'amour seul reste. O noble femme
Si tu veux dans ce vil séjour,
Garder ta foi, garder ton âme,
Garder ton Dieu, garde l'amour!

Conserve en ton cœur, sans rien craindre,
Dusses-tu pleurer et souffrir,
La flamme qui ne peut s'éteindre
Et la fleur qui ne peut mourir!

Victor Hugo

Un truc: Se composer une formule à partir des mots initiaux de chaque strophe: Cela donne:

Aimons ce que l'Amour aime. Aime, aimons, soyons
les poètes! Venez nous, moi, je. Toute, tout l'amour conserve!

Sur trois marches de marbre rose

...Dites-nous, marches gracieuses,
Les rois, les princes, les prélats,
Et les marquis à grands fracas,
Et les belles ambitieuses,
Dont vous avez compté les pas;
Celles-là surtout, j'imagine,
En vous touchant ne pesaient pas.
Lorsque le velours ou l'hermine
Frôlaient vos contours délicats,
Laquelle était la plus légère?
Est-ce la reine Montespan?
Est-ce Hortense avec un roman,
Maintenon avec son bréviaire
Ou Fontange avec son ruban?
Beau marbre, as-tu vu La Vallière?
De Parabère ou de Sabran,
Laquelle savait mieux te plaire?
Entre Sabran et Parabère
Le Régent même, après souper,
Chavirait jusqu'à s'y tromper.
As-tu vu le puissant Voltaire,
Ce grand frondeur de préjugés,
Avocat des gens mal jugés,

Du Christ ce terrible adversaire,
Bedeau du temple de Cythère,
Présentant à la Pompadour
Sa vieille eau bénite de cour?
As-tu vu, comme à l'hermitage,
La rondelette Dubarry
Courir, en buvant du laitage,
Pieds nus, sur le gazon fleuri?
Marches qui savez votre histoire,
Aux jours pompeux de votre gloire,
Quel heureux monde en ces bosquets!
Que de grands seigneurs, de laquais,
Que de duchesses, de caillettes,
De talons rouges, de paillettes,
Que de soupirs et de caquets,
Que de plumets et de calottes,
De falbalas et de culottes,
Que de poudre sous ces berceaux,
Que de gens, sans compter les sots...
Est-ce ton avis, marbre rose?
Malgré moi, pourtant je suppose
Que le hasard qui t'as mis là
Ne t'avait pas fait pour cela.
Aux pays où le soleil brille,
Près d'un temple grec ou latin,
Les beaux pieds d'une jeune fille,
Sentant la bruyère et le thym,
En te frappant de leurs sandales,
Auraient mieux réjoui tes dalles
Qu'une pantoufle de satin.
Est-ce d'ailleurs pour cet usage
Que la nature avait formé
Ton bloc jadis vierge et sauvage

Que le génie eût animé?
Lorsque la pioche et la truelle
T'ont scellé dans ce parc boueux,
En t'y plantant malgré les dieux,
Mansart insultait Praxitèle.
Oui, si tes flancs devaient s'ouvrir,
Il fallait en faire sortir
Quelque divinité nouvelle.
Quand sur toi leur scie a grincé,
Les tailleurs de pierre ont blessé
Quelque Vénus dormant encore,
Et la pourpre qui te colore
Te vient du sang qu'elle a versé...

Alfred de Musset

La mort du loup

Les nuages couraient sur la lune enflammée
Comme sur l'incendie on voit fuir la fumée,
Et les bois étaient noirs jusques à l'horizon.
Nous marchions sans parler, dans l'humide gazon,
Dans la bruyère épaisse et dans les hautes brandes,
Lorsque, sous des sapins pareils à ceux des Landes,
Nous avons aperçu les grands ongles marqués
Par les loups voyageurs que nous avions traqués.
Nous avons écouté, retenant notre haleine
Et le pas suspendu. – Ni le bois, ni la plaine
Ne poussait un soupir dans les airs; Seulement
La girouette en deuil criait au firmament:
Car le vent élevé bien au dessus des terres,

N'effleurait de ses pieds que les tours solitaires,
Et les chênes d'en bas, contre les rocs penchés,
Sur leur coudes semblaient endormis et couchés.
Rien ne bruissait donc, lorsque baissant la tête,
Le plus vieux des chasseurs qui s'étaient mis en quête
A regardé le sable en s'y couchant; Bientôt,
Lui que jamais ici on ne vit en défaut,
A déclaré tout bas que ces marques récentes
Annonçaient la démarche et les griffes puissantes
De deux grands loups-cerviers et de deux louveteaux.
Nous avons tous alors préparé nos couteaux,
Et, cachant nos fusils et leurs lueurs trop blanches,
Nous allions pas à pas en écartant les branches.
Trois s'arrêtent, et moi, cherchant ce qu'ils voyaient,
J'aperçois tout à coup deux yeux qui flamboyaient,
Et je vois au-delà quatre formes légères
Qui dansaient sous la lune au milieu des bruyères,
Comme font chaque jour, à grands cris sous nos yeux,
Quand le maître revient, les lévriers joyeux.
Leur forme était semblable et semblable la danse,
Mais les enfants du loup se jouaient en silence,
Sachant bien qu'à deux pas, ne dormant qu'à demi,
Se couche dans ses murs l'homme leur ennemi.
Le père était debout, et plus loin, contre un arbre,
Sa louve reposait comme celle de marbre
Qu'adoraient les romains, et dont les flancs velus
Couvaient les demi-dieux Rémus et Romulus.
Le loup vient et s'assied, les deux jambes dressées,
Par leurs ongles crochus dans le sable enfoncées.
Il s'est jugé perdu, puisqu'il était surpris,
Sa retraite coupée et tous ses chemins pris;
Alors il a saisi dans sa gueule brûlante
Du chien le plus hardi la gorge pantelante

Et n'a pas desserré ses mâchoires de fer,
Malgré nos coups de feu qui traversaient sa chair
Et nos couteaux aigus qui, comme des tenailles,
Se croisaient en plongeant dans ses larges entrailles,
Jusqu'au dernier moment où le chien étranglé,
Mort longtemps avant lui, sous ses pieds a roulé.
Le loup le quitte alors et puis il nous regarde.
Les couteaux lui restaient au flanc jusqu'à la garde,
Le clouaient au gazon tout baigné dans son sang;
Nos fusils l'entouraient en sinistre croissant.
Il nous regarde encore, ensuite il se recouche,
Tout en léchant le sang répandu sur sa bouche,
Et, sans daigner savoir comment il a péri,
Refermant ses grands yeux, meurt sans jeter un cri.

J'ai reposé mon front sur mon fusil sans poudre,
Me prenant à penser, et n'ai pu me résoudre
À poursuivre sa louve et ses fils qui, tous trois,
Avaient voulu l'attendre, et, comme je le crois,
Sans ses deux louveteaux la belle et sombre veuve
Ne l'eût pas laissé seul subir la grande épreuve :
Mais son devoir était de les sauver, afin
De pouvoir leur apprendre à bien souffrir la faim,
De ne jamais entrer dans le pacte des villes
Que l'homme a fait avec les animaux serviles
Qui chassent devant lui, pour avoir le coucher,
Les premiers possesseurs du bois et du rocher.

Hélas! ai-je pensé, malgré ce grand nom d'Hommes,
Que j'ai honte de nous, débiles que nous sommes!
Comment on doit quitter la vie et tous ses maux,
C'est vous qui le savez, sublimes animaux!
A voir ce que l'on fut sur terre et ce qu'on laisse

Seul le silence est grand; tout le reste est faiblesse.
- Ah! Je t'ai bien compris, sauvage voyageur,
Et ton dernier regard m'est allé jusqu'au cœur!
Il disait : « Si tu peux, fais que ton âme arrive,
À force de rester studieuse et pensive,
Jusqu'à ce haut degré de stoïque fierté,
Où, naissant dans les bois, j'ai tout d'abord monté.
Gémir, pleurer, prier est également lâche.
Fais énergiquement ta longue et lourde tâche
Dans la voie où le Sort a voulu t'appeler,
Puis après, comme moi, souffre et meurs sans parler. »

Alfred de Vigny

La forêt canadienne

C'est l'automne. Le vent balance
Les ramilles, et par moments
Interrompt le profond silence
Qui plane sur les bois dormants.

Des flaques de lumière douce,
Tombant des feuillages touffus,
Dorent les lichens et la mousse
Qui croissent au pied des grands fûts.

De temps en temps, sur le rivage,
Dans l'anse où va boire le daim,
Un écho s'éveille soudain
Au cri de quelque oiseau sauvage.

La mare sombre aux reflets clairs,
Dont on redoute les approches,
Caresse vaguement les roches
De ses métalliques éclairs,

Et sur le sol, la fleur et l'herbe,
Sur les arbres, sur les roseaux,
Sur la croupe du mont superbe,
Comme sur l'aile des oiseaux.

Sur les ondes, sur la feuillée,
Brille d'un éclat qui s'éteint
Une atmosphère ensoleillée:
C'est l'été de la Saint-Martin;

L'époque où les feuilles jaunies
Qui se parent d'un reflet d'or,
Émaillent la forêt qui dort
De leurs nuances infinies.

O fauves parfums des forêts!
O mystère des solitudes!
Qu'il fait bon, loin des multitudes,
Rechercher vos calmes attraits!

Ouvrez-moi vos retraites fraîches!
A moi votre dôme vermeil,
Que transpercent comme des flèches
Les tièdes rayons du soleil!

Je veux, dans vos sombres allées,
Sous vos grands arbres chevelus,
Songer aux choses envolées
Sur l'aile des temps révolus.

Rêveur ému, sous votre ombrage,
Oui, je veux souvent revenir,
Pour évoquer le souvenir
Et le fantôme d'un autre âge.

J'irai de mes yeux éblouis,
Relire votre fier poème,
O mes belles forêts que j'aime!
Vastes forêts de mon pays!

Oui, j'irai voir si les vieux hêtres
Savent ce que sont devenus
Leurs rois d'alors, vos anciens maîtres,
Les guerriers rouges aux flancs nus.

Vos troncs secs, vos buissons sans nombre
Me diront s'ils n'ont pas jadis
Souvent vu ramper dans leur ombre
L'ombre de farouches bandits,

J'interrogerai la ravine,
Où semble se dresser encore
Le tragique et sombre décor
Des sombres drames qu'on devine.

La grotte aux humides parois
Me dira les sanglants mystères
De ces peuplades solitaires
Qui s'y blottirent autrefois.

Je saurai des pins centenaires,
Que la tempête a fait ployer,
Le nom des tribus sanguinaires
Dont ils abritaient le foyer.

J'irai, sur le bord des cascades,
Demander aux rochers ombreux
A quelles noires embuscades
Servirent leurs flancs ténébreux.

Je chercherai, dans les savanes,
La piste des grands élans roux
Que l'Iroquois, rival des loups,
Chassait jadis en caravanes.

Enfin, quelque biche aux abois,
Dans mon rêve où le tableau change,
Fera surgir le type étrange
De nos hardis coureurs des bois.

Et brise, écho, feuilles légères,
Souples rameaux, fourrés secrets,
Oiseaux chanteurs, molles fougères
Qui bordez les sentiers discrets.

Bouleaux, sapins, chênes énormes,
Débris caducs d'arbres géants,
Rocs moussus aux masses difformes,
Profondeurs des antres béants.

Sommets que le vent décapite,
Gorge aux imposantes rumeurs,
Cataracte aux sourdes clameurs:
Tout ce qui dort, chante ou palpite...

Dans ses souvenirs glorieux
La forêt entière drapée,
Me dira l'immense épopée
De son passé mystérieux.

....

Mais, quand mon oreille attentive
De tous ces bruits s'enivrera,
Tout près de moi retentira...
Un sifflet de locomotive!

Louis-Honoré Fréchette

APPENDICE D

DEUX MINI-VERSIONS:

- ANDROMAQUE DE RACINE

- LE CID DE CORNEILLE

Andromaque

Andromaque, veuve éplorée d'Hector, héros de Troie, tué par Pyrrhus, est emportée de force en Épire par Pyrrhus, avec son fils, Astyanax.

Pyrrhus, roi d'Épire, s'est follement épris d'Andromaque; mais reste fiancé à Hermione, princesse de Grèce, qui l'aime lui; alors même qu'Oreste, le fils d'Agamemnon et de Clytemnestre, ambassadeur de Grèce, chargé de ramener Astyanax en son pays, est fou d'elle, Hermione.

Il ne s'agit pas donc d'un triangle, mais d'un quadrangle tragique.

Kenneth Clark, le grand critique anglais, a écrit qu'aucun auteur n'avait mieux traduit en vers les sentiments du cœur que Racine. Voici donc ma mini-version de ce texte sublime.

Acte I, Scène II
Pyrrhus, Oreste

Oreste

Oserai-je, Seigneur, vous dire ce que je pense?
Vous-même de vos soins craignez la récompense,

137

Et que dans votre sein ce serpent élevé
Ne vous punisse un jour de l'avoir conservé.

Pyrrhus

Ah! si du fils d'Hector la perte était jurée,
Pourquoi d'un an entier l'avons-nous différée?
Dans le sein de Priam n'a-t-on pu l'immoler?
Sous tant de morts, sous Troie il fallait l'accabler.

Tout était juste alors: la vieillesse et l'enfance
En vain sur leur faiblesse appuyaient leur défense;
La victoire et la nuit, plus cruels que nous,
Nous excitaient au meurtre, et confondaient nos coups.
Mon courroux aux vaincus ne fut que trop sévère.
Mais que ma cruauté survive à ma colère?
Que malgré la pitié dont je me sens saisir,
Dans le sang d'un enfant je me baigne à loisir?
Non, Seigneur. Que les Grecs cherchent quelque autre proie;
Qu'ils poursuivent ailleurs ce qui reste de Troie:
De mes inimitiés le cours est achevé;
L'Épire sauvera ce que Troie a sauvé.

Acte I scène IV
Pyrrhus, Andromaque, Céphise

Pyrrhus

Me cherchiez-vous Madame?
Un espoir si charmant me serait-il permis?

Andromaque, veuve d'Hector, captive de Pyrrhus

Je passais jusqu'aux lieux où l'on garde mon fils.
Puisqu'une fois par jour vous souffrez que je voie
Le seul bien qui me reste et d'Hector et de Troie...

...Un enfant malheureux, qui ne sait pas encor
Que Pyrrhus est son maître, et qu'il est fils d'Hector.

Pyrrhus

Tel qu'il est, tous les Grecs demandent qu'il périsse.
Le fils d'Agamemnon vient hâter son supplice

Andromaque

...Il m'aurait tenu lieu d'un père et d'un époux;
Mais il me faut tout perdre, et toujours par vos coups.

Pyrrhus

Madame, mes refus ont prévenu vos larmes,
Tous les grecs m'ont déjà menacé de leurs armes;
Mais dussent-ils encore, en repassant les eaux,
Demander votre fils avec mille vaisseaux;
Coûta-t-il tout le sang qu'Hélène a fait répandre;
Dussé-je après dix ans voir mon palais en cendre,
Je ne balance point, je vole à son secours:
Je défendrai sa vie au dépens de mes jours.
Mais parmi ces périls où je cours pour vous plaire,
Me refuserez-vous un regard moins sévère?
Haï de tous les Grecs, pressé de tous côtés,
Me faudra-t-il combattre encore vos cruautés?
Je vous offre mon bras. Puis-je espérer encore

Que vous accepterez un cœur qui vous adore?
En combattant pour vous, me sera-t-il permis
De ne vous point compter parmi mes ennemis?

Andromaque

...Captive, toujours triste, importune à moi-même,
Pouvez-vous souhaiter qu'Andromaque vous aime?
Quel charme ont pour vous des yeux infortunés
Qu'à des pleurs éternels vous avez condamnés?

Pyrrhus

Animé d'un regard, je puis tout entreprendre:
Votre Ilion encore peut sortir de sa cendre;
Je puis, en moins de temps que les grecs ne l'ont pris,
Dans ces murs relevés couronner votre fils.

Acte II   Scène II

Hermione, Oreste, Cléone

Hermione, princesse de Grèce, fiancée de Pyrrhus, aimée d'Oreste

Le croirai-je, Seigneur, qu'un reste de tendresse
Vous fasse ici chercher une triste princesse?
Ou ne dois-je imputer qu'à votre seul devoir
L'heureux empressement qui vous porte à me voir?

Oreste, fils d'Agamemnon et de Clytemnestre, amoureux d'Hermione

Tel est de mon amour l'aveuglement funeste.
Vous le savez, Madame; et le destin d'Oreste
Est de venir sans cesse adorer vos attraits,
Et de jurer toujours qu'il n'y viendra jamais.
Je sais que vos regards vont rouvrir mes blessures,
Que tous mes par vers vous sont autant de parjures:
Je le sais, j'en rougis. Mais j'atteste les Dieux,
Témoins de la fureur de mes derniers adieux,
Que j'ai couru partout où ma perte certaine
Dégageait mes serments et finissait ma peine
J'ai mendié la mort chez des peuples cruels
Qui n'apaisaient leurs Dieux que du sang des mortels:
Ils m'ont fermé leur temple; et ces peuples barbares
De mon sang prodigué sont devenus avares.
Enfin je viens à vous, et je me vois réduit
A chercher dans vos yeux une mort qui me fuit.
Mon désespoir n'attend que leur indifférence:
Ils n'ont qu'à m'interdire un reste d'espérance,
Ils n'ont, pour avancer cette mort où je cours ,
Qu'à me dire une fois ce qu'ils m'ont dit toujours.
Voilà, depuis un an, le seul soin qui m'anime.
Madame, c'est à vous de prendre une victime
Que les Scythes auraient dérobée à vos coups,
Si j'en avais trouvé d'aussi cruels que vous.

Acte III Scène VII

Pyrrhus, Andromaque, Céphise

...Je vous le dis, il faut ou périr ou régner.
Mon cœur, désespéré d'un an d'ingratitude,

Ne peut plus de son sort souffrir l'incertitude.
C'est craindre, menacer et gémir trop longtemps.
Je meurs si je vous perds, mais je meurs si j'attends.
Songez-y: je vous laisse; et je viendrai vous prendre
Pour vous mener au temple, où ce fils doit m'attendre;
Et là vous me verrez, soumis ou furieux,
Vous couronner, Madame, ou le perdre à vos yeux.

Andromaque

...Dois-je oublier Hector privé de funérailles,
Et traîné sans honneur autour de nos murailles?
Dois-je oublier son père à mes pieds renversé,
Ensanglantant l'autel qu'il tient embrassé?
Songe, songe Céphise à cette nuit cruelle
Qui fut pour tout un peuple une nuit éternelle.
Figure-toi Pyrrhus, les yeux étincelants,
Entrant à la lueur de nos palais brûlants,
Sur tous mes frères morts se faisant un passage,
Et de sang tout couvert échauffant le carnage.
Songe aux cris des vainqueurs, songe aux cris des mourants,
Dans la flamme étouffés, sous le fer expirants.
Peins-toi dans ces horreurs Andromaque éperdue:
Voilà comme Pyrrhus vint s'offrir à ma vue;
Voilà par quels exploits il sut se couronner;
Enfin voilà l'époux que tu me veux donner.
Non, je ne serai pas complice de ses crimes;
Qu'il nous prenne, s'il veut. pour dernières victimes...

Acte IV Scène I

Andromaque, Céphise

142

Andromaque

O ma chère Céphise,
Ce n'est pas avec toi que mon cœur se déguise.
Ta foi, dans mon malheur, s'est montrée à mes yeux;
Mais j'ai cru qu'à mon tour tu me connaissais mieux.
Quoi donc?, as-tu pensé qu'Andromaque infidèle
Pût trahir un époux qui croit revivre en elle;
Et que de tant de morts réveillant la douleur,
Le soin de mon repos me fît troubler le leur?
Est-ce là cette ardeur tant promise à sa cendre?
Mais son fils périssait: il l'a fallu défendre.
Pyrrhus en m'épousant s'en déclare l'appui;
Il suffit: je veux bien m'en reposer sur lui.
Je sais quel est Pyrrhus, violent, mais sincère,
Céphise, il fera plus qu'il n'a promis de faire.
Sur je courroux des Grecs je me repose encore:
Leur haine va donner un père au fils d'Hector.
Je vais donc, puisqu'il faut que je me sacrifie,
Assurer à Pyrrhus le reste de ma vie;
Je vais, en recevant sa foi sur les autels,
L'engager à mon fils par des nœuds immortels.
Mais aussitôt ma main, à moi seule funeste,
D'une infidèle vie abrégera le reste,
Et sauvant ma vertu, rendra e que je dois
A Pyrrhus, à mon fils, à mon époux, à moi.
Voilà de mon amour l'innocent stratagème;
Voilà ce qu'un époux m'a commandé lui-même.
J'irai seul rejoindre Hector et mes aïeux.
Céphise, c'est à toi de me fermer les yeux.

Acte IV Scène III

Oreste, Hermione, Cléone

Hermione

Je veux savoir, Seigneur, si vous m'aimez?

Oreste

Si je vous aime? O Dieux! mes serments, mes parjures,
Ma fuite, mon retour, mes respects, mes injures,
Mon désespoir, mes yeux de larmes toujours noyés,
Quels témoins croirez-vous, si vous ne les croyez?

Hermione

Vengez-moi, je crois tout.....

Mais si vous me vengez, vengez-moi dans une heure.
Tous vos retardements sont pour moi des refus.
Courez au temple. Il faut immoler...

Oreste

Qui?

Hermione

Pyrrhus.

Oreste

...Vengeons-nous, j'y consens, mais par d'autres chemins.
Soyons ces ennemis, et non ses assassins:
...Et n-ai-je pris sur moi le soin de tout l'État
Que pour m'en acquitter par un assassinat?

Hermione

Ne vous suffit-il pas que je l'ai condamné?
Ne vous suffit-il pas que ma gloire offensée
Demande une victime à moi seule adressée;
Qu'Hermione est le prix d'un tyran opprimé;
Que je le hais; enfin, Seigneur, que je l'aimai?...

Doutez jusqu'à sa mort d'un courroux incertain:
S'il ne meurt aujourd'hui, je puis l'aimer demain...

...Revenez tout couvert du sang de l'infidèle;
Allez: en cet état, soyez sûr de on cœur...

Acte IV Scène V

Pyrrhus, Hermione, Phoenix

Pyrrhus

Vous ne m'attendiez pas, Madame; et je vois bien
Que mon abord ici trouble votre entretien.
Je ne viens point, armé d'un indigne artifice,
D'un voile d'équité couvrir mon injustice:
Il suffit que mon âme me condamne tout bas;

Et je soutiendrais mal ce que je ne crois pas.
J'épouse une troyenne. Oui, Madame, et j'avoue
Que je vous ai promis la foi que je lui voue….

…Je vous reçus en Reine; et jusques à ce jour
J'ai cru que mes serments me tiendraient lieu d'amour.
Mais cet amour l'emporte; et par un coup funeste
Andromaque m'arrache un cœur qu'elle déteste.
L'un par l'autre entraînés, nous courons à l'autel
Nous jurer, malgré nous, un amour immortel.

Hermione

Seigneur, dans cet aveu dépouillé d'artifice,
J'aime à voir que du moins vous vous rendiez justice,
Et que voulant bien rompre un nœud si solennel,
Vous vous abandonniez au crime en criminel.

Acte V Scène III

Oreste, Hermione, Cléone

Oreste

Madame, c'en est fait, et vous êtes servie:
Pyrrhus rend à l'autel son infidèle vie…

Hermione

Il est mort?

Oreste

Il expire; et nos grecs irrités
Ont lavé dans son sang ses infidélités

Hermione

.....   Tais-toi, perfide,
Et n'impute qu'à toi ton lâche parricide.
Va faire chez les Grecs admirer ta fureur,
Va, je la désavoue, et tu me fait horreur...

Pourquoi l'assassiner? Qu'à-t-il fait? A quel titre?
Qui te l'a dit?

Oreste

O Dieux! Quoi? ne m'avez-vous pas
Vous-même, ici, tantôt, ordonné son trépas?

Hermione

Ah, fallait-il en croire une amante insensée?
Ne devais-tu pas lire au fond de ma pensée?
Et ne voyais-tu pas, dans mes emportements,
Que mon cœur démentait ma bouche à tous moments?...

Adieu. Tu peux partir. Je demeure en Épire:
Je renonce à la Grèce, à Sparte à son empire,
A toute ma famille; et c'est assez pour moi,
Traître, qu'elle ait produit un monstre comme toi.

Acte V Scène I
Oreste, seul

Oreste

...Quoi? J'étouffe en mon cœur la raison qui m'éclaire;
J'assassine à regret un roi que je révère;
Je viole en un jour le droit des souverains,
Ceux des ambassadeurs, et tous ceux des humains...

Pour qui? Pour une ingrate, à qui je le promets,
Qui même, s'il ne meurt, ne me verra jamais...

Et l'ingrate, en fuyant me laisse pour salaire
Tous les noms odieux que j'ai pris pour lui plaire!

Dernière scène

Oreste, Pylade, Soldats d'Oreste

Pylade

Il faut partir, Seigneur. Sortons de ce palais,
Ou bien résolvons-nous d'en n'en sortir jamais...
Aux ordres d'Andromaque ici tout est soumis;
Ils la traitent en reine, et nous comme ennemis.
Andromaque, elle-même, à Pyrrhus si rebelle,
Lui rend tous les devoirs d'une veuve fidèle,
Commande qu'on le venge, et peut-être sur nous
Veut venger Troie encore et son premier époux.

Oreste

Non, non, c'est Hermione, amis, que je veux suivre.
A son dernier arrêt je ne puis plus survivre.
Partez:, j'ai fait le crime, et je vais l'expier.

Pylade

Hermione, Seigneur? Il la faut oublier.
Quoi! toujours l'instrument et l'objet de sa rage,
Cherchez-vous chez les morts quelque nouvel outrage?
Et parce qu'elle meurt, faut-il que vous mouriez?

Oreste

Elle meurt? Dieux! qu'entends-je?

Pylade

Hé quoi? vous l'ignoriez?
En rentrant dans ces lieux, nous l'avons rencontrée
Qui courait vers le temple, inquiète, égarée.
Elle a trouvé Pyrrhus porté sur des soldats
Que son sang excitait à venger son trépas.
Sans doute à cet objet sa rage s'est émue.
Mais du haut de la porte enfin nous l'avons vue,
Un poignard à la main, sur Pyrrhus se courber,
Lever les yeux au ciel, se frapper, et tomber.

Oreste

... Quelle horreur me saisit? Grâce au ciel, j'entrevoi.
Dieux! quels ruisseaux de sang coulent autour de moi?

Pylade

Il perd le sentiment. Amis, le temps nous presse:
Ménageons les moments que ce transport nous laisse.
Sauvons-le. Nos efforts deviendraient impuissants
S'il reprenait ici sa rage avec ses sens

Le Cid

Rodrigue, fils de Don Diègue, héros âgé de Castille et nouveau gouverneur du prince royal, aime Chimène, la fille de Don Gomès.

Une rixe entre Don Diègue et Don Gomès, qui aurait souhaité lui aussi le poste de gouverneur, se termine par un soufflet administré par Don Gomès à Don Diègue, dont la faiblesse l'empêche de répliquer.

Rodrigue se doit alors de venger son père. Lui, qu'on a jamais vu une épée à la main, tue Don Gomès dans un duel; et perd ainsi la main de Chimène; alors qu'il n'a fait que son devoir et que les deux jeunes gens s'adorent! Peut-être pourra-t-il la reconquérir?

Acte I Scène IV

Don Diègue

O rage! O désespoir! O vieillesse ennemie!
N-ai-je donc tant vécu que pour cette infamie?
Et ne suis-je blanchi dans les travaux guerriers
Que pour voir en un jour flétrir tant de lauriers?
Mon bras, qu'avec respect toute l'Espagne admire,

Mon bras, qui tant de fois a sauvé cet empire,
Tant de fois affermi le trône de son roi,
Trahit donc ma querelle, et ne fait rien pour moi?
O cruel souvenir de ma gloire passée!
Œuvre de tant de jours en un jour effacée!
Nouvelle dignité, fatale à mon bonheur!
Précipice élevé d'où tombe mon honneur!
Faut-il de votre éclat voir triompher le comte,
Et mourir sans vengeance, ou vivre dans la honte?
Comte, sois de mon prince à présent gouverneur;
Ce haut rang n'admet point un homme sans honneur;
Et ton jaloux orgueil, par cet affront insigne,
Malgré le choix du roi, m'en a su rendre indigne.
Et toi de mes exploits glorieux instrument,
Mais d'un corps tout de glace inutile ornement,
Fer jadis tant à craindre, et qui, dans cette offense,
M'as servi de parade, et non pas de défense,
Va, quitte désormais le dernier des humains,
Passe pour me venger, en de meilleures mains.

Acte I Scène V

Don Diègue, Don Rodrigue

Don Diègue

Rodrigue, as-tu du coeur?

Don Rodrigue

Tout autre que mon père
L'éprouverait sur l'heure.

Don Diègue

Agréable colère!
Digne ressentiment à ma douleur bien doux!
Je reconnais mon sang à ce noble courroux;
Ma jeunesse revit en cette ardeur si prompte.
Viens, mon fils, viens, mon sang, viens réparer ma honte;
Viens me venger.

Don Rodrigue

De quoi?

Don Diègue

D'un affront si cruel,
Qu'à l'honneur de tous deux il porte un coup mortel;
D'un soufflet. L'insolent en eût perdu la vie;
Mais mon âge a trompé ma généreuse envie;
Et ce fer que mon bras ne peut plus soutenir,
Je le remets au tien pour venger et punir.
Va contre un arrogant mesurer ton courage:
Ce n'est que dans le sang qu'on lave un tel outrage;
Meurs, ou tue. Au surplus, pour ne point te flatter,
Je te donne à combattre un homme à redouter;
Je l'ai vu, tout couvert de sang et de poussière,
Porter partout l'effroi dans une armée entière.
J'ai vu par sa valeur cent escadrons rompus;
Et pour t'en dire encor quelque chose de plus,
Plus que brave soldat, plus que grand capitaine,
C'est...

Don Rodrigue

De grâce, achevez.

Don Diègue

Le père de Chimène

Don Rodrigue

Le...

Don Diègue

Ne réplique point, je connais ton amour:
Mais qui peut vivre infâme est indigne du jour;
Plus l'offenseur est cher, et plus grave est l'offense.
Enfin tu sais l'affront, et tu tiens la vengeance
Je ne te dis plus rien. Venge-moi, venge-toi;
Montre-toi digne fils d'un père tel que moi.
Accablé des malheurs où le destin me range,
Je vais les déplorer. Va, cours, vole, et nous venge.

Acte I Scène VI

Don Rodrigue seul

Don Rodrigue

Percé jusques au fond du cœur
D'une atteinte imprévue aussi bien que mortelle,
Misérable vengeur d'une juste querelle,
Et malheureux objet d'une injuste rigueur,

Je demeure immobile et mon âme abattue
Cède au coup qui me tue.
Si près de voir ma flamme récompensée,
O Dieu, l'étrange peine!
En cet affront mon père est l'offensé
Et l'offenseur le père de Chimène!

Que je sens de rudes combats!
Contre mon propre honneur mon amour s'intéresse:
Il faut venger un père, et perdre une maîtresse.
L'un m'anime le cœur, l'autre retient mon bras.
Réduit au triste choix ou de trahir ma flamme,
Ou de vivre en infâme,
Des deux côtés, mon mal est infini.
O Dieu, l'étrange peine!
Faut-il laisser un affront impuni?
Faut-il punir le père de Chimène?

Père, maîtresse, honneur, amour,
Noble et dure contrainte, aimable tyrannie,
Tous mes plaisirs sont morts, ou ma gloire ternie.
L'un me rend malheureux, l'autre indigne du jour.
Cher et cruel espoir d'une âme généreuse,
Mais ensemble amoureuse,
Digne ennemi de mon plus grand bonheur,
Fer qui causes ma peine,
M'es-tu donné pour venger mon honneur?
M'es-tu donné pour perdre ma Chimène?

Il vaut mieux courir au trépas.
Je dois à ma maîtresse aussi bien qu'à mon père;
J'attire en me vengeant sa haine et sa colère;
J'attire ses mépris en ne me vengeant pas.

A mon plus doux espoir l'un me rend infidèle,
Et l'autre indigne d'elle.
Mon mal augmente à le vouloir guérir;
Tout redouble ma peine.
Allons; mon âme; et puisqu'il faut mourir,
Mourons du moins sans offenser Chimène.

Mourir sans tirer ma raison!
Rechercher un trépas si mortel à ma gloire,
Endurer que l'Espagne impute à ma mémoire,
D'avoir mal soutenu l'honneur de ma maison!
Respecter un amour dont mon âme égarée
Voit la perte assurée!
N'écoutons plus ce penser suborneur,
Qui ne sert qu'à ma peine.
Allons, mon bras, sauvons du moins l'honneur,
Puisqu'après tout il faut perdre Chimène.

Oui, mon esprit s'était déçu.
Je dois tout à mon père avant qu'à ma maîtresse:
Que je meure au combat, ou meure de tristesse,
Je rendrai mon sang pur comme je l'ai reçu.
Je m'accuse déjà de trop de négligence;
Courons à la vengeance;
Et, tout honteux d'avoir tant balancé,
Ne soyons plus en peine,
Puisqu'aujourd'hui mon père est l'offensé,
Si l'offenseur est père de Chimène.

Acte II Scène II

Le Comte, Don Rodrigue

Don Rodrigue

A moi, comte, deux mots.

Le comte
Parle

Don Rodrigue

Ôte-moi d'un doute.
Connais-tu bien Don Diègue?

Le Comte

Oui

Don Rodrigue

Parlons bas; écoute.
Sais-tu que ce vieillard fut la même vertu,
La vaillance et l'honneur de son temps? le sais-tu?

Le Comte

Peut-être

Don Rodrigue

Cette ardeur que dans les yeux je porte,
Sais-tu que c'est son sang? le sais-tu?

Le Comte

Que m'importe?

Don Rodrigue

A quatre pas d'ici je te le fais savoir.

Le Comte

Jeune présomptueux!

Don Rodrigue

Parle sans t'émouvoir
Je suis jeune, il est vrai; mais aux âmes bien nées
La valeur n'attend point le nombre des années.

Le Comte

Te mesurer à moi! qui t'a rendu si vain,
Toi qu'on n'a jamais vu les armes à la main!

Don Rodrigue

Mes pareils à deux fois ne se font point connaître,
Et pour leurs coups d'essai veulent des coups de maître.

Le Comte

Sais-tu bien que je suis?

Don Rodrigue

Oui; tout autre que moi
Au seul bruit de ton nom pourrait trembler d'effroi,
Les palmes dont je vois ta tête si couverte
Semblent porter écrit le destin de ma perte.
J'attaque en téméraire un bras toujours vainqueur:
Mais j'aurai trop de force, ayant assez de cœur.
A qui venge son père il n'est rien d'impossible.
Ton bras est invaincu, mais non pas invincible.

Le Comte

Ce grand cœur qui paraît aux discours que tu tiens
Par tes yeux, chaque jour, se découvrait aux miens;
Et croyant voir en toi l'honneur de la Castille,
Mon âme avec plaisir te destinait ma fille.
Je sais ta passion, et suis ravi de voir
Que tous ses mouvements cèdent à ton devoir;
Qu'ils n'ont point affaibli cette ardeur magnanime;
Que ta haute vertu répond à mon estime;
Et que voulant pour gendre un cavalier parfait,
Je ne me trompais point au choix que j'avais fait.
Mais je sens que pour toi ma pitié s'intéresse;
J'admire ton courage, et je plains ta jeunesse.
Ne cherche point à faire un coup d'essai fatal;
Dispense ma valeur d'un combat inégal;
Trop peu d'honneur pour moi suivrait cette victoire.
A vaincre sans péril, on triomphe sans gloire.
On te croirait toujours abattu sans effort;
Et j'aurais seulement le regret de ta mort.

158

Don Rodrigue

D'une indigne pitié ton audace est suivie:
Qui ose m'ôter l'honneur craint de m'ôter la vie!

Don Diègue

Retire-toi d'ici

Don Rodrigue

Marchons sans discourir

Don Diègue

Es-tu si las de vivre?

Don Rodrigue

As-tu peur de mourir?

Don Diègue

Viens, tu fais ton devoir, et le fils dégénère
Qui survit un moment à l'honneur de son père.

Acte III Scène III

Chimène, Elvire

Chimène

Mon père est mort, Elvire, et la première épée
Dont s'est armé Rodrigue, a sa trame coupée,
Pleurez, pleurez mes yeux, et fondez-vous en eau!
La moitié de ma vie a mis l'autre au tombeau,
Et m'oblige à venger, après ce coup funeste,
Celle que je n'ai plus sur celle qui me reste.

Elvire

Reposez-vous, Madame.

Chimène

Ah! que mal à propos
Dans un malheur si grand tu parles de repos!
Par où sera jamais ma douleur apaisée
Si je ne puis haïr la main qui l'a causée?
Et que dois-je espérer qu'un tourment éternel,
Si je poursuis un crime, aimant le criminel!

Elvire

Il vous prive d'un père, et vous l'aimez encore!

Chimène

C'est peu de dire aimer, Elvire, je l'adore;
Ma passion s'oppose à mon ressentiment;
Dedans mon ennemi je trouve mon amant;
Et je sens qu'en dépit de toute ma colère,

Rodrigue dans mon cœur combat encore mon père.
Il l'attaque, il le presse, il cède, il se défend,
Tantôt fort, tantôt faible, et tantôt triomphant:
Mais, en ce dur combat de colère et de flamme,
Il déchire mon cœur sans partager mon âme;
Et quoi que mon amour ait sur moi de pouvoir,
Je ne consulte point pour faire mon devoir;
Je cours sans balancer où mon devoir m'oblige.
Rodrigue m'est bien cher, son intérêt m'afflige;
Mon cœur prend son parti; mais malgré son effort,
Je sais ce que je suis, et que mon père est mort.

Elvire

Pensez-vous le poursuivre?

Chimène

Ah! cruelle pensée!
Et cruelle poursuite où je me vois forcée!
Je demande sa tête, et crains de l'obtenir:
Ma mort suivre la sienne, et je le veux punir...

Elvire

Mais vous aimez Rodrigue, il ne peut vous déplaire

Chimène

Je l'avoue.

Elvire

Après tout que pensez-vous donc faire?

Chimène

Pour conserver ma gloire et finir mon ennui,
Le poursuivre, le perdre, et mourir après lui.

Acte III Scène IV

Don Rodrigue, Chimène, Elvire

Don Rodrigue

Eh bien! sans vous donner la peine de poursuivre,
Assurez-vous l'honneur de m'empêcher de vivre

Chimène

Elvire, où sommes-nous et qu'est-ce que je vois?
Rodrigue en ma maison! Rodrigue devant moi!

Rodrigue

N'épargnez pas mon sang; goûtez sans résistance,
La douceur de ma perte et de votre vengeance.

Chimène

Hélas!

Rodrigue

Écoute-moi...

... L'irréparable effet d'une chaleur trop prompte
Déshonorait mon père et me couvrait de honte.
Tu sais comme un soufflet touche un homme de cœur;
J'avais part à l'affront, j'en ai cherché l'auteur:
Je l'ai vu, j'ai vengé mon honneur et mon père;
Je le ferais encor, si j'avais à le faire:..

.

...Mais, quitte envers l'honneur, et quitte envers mon père,
C'est maintenant à toi que je viens satisfaire:
C'est pour t'offrir ton sang qu'en ce lieu tu me vois.
J'ai fait ce que j'ai dû, je fais ce que je dois.
Je sais qu'un père mort t'arme contre mon crime;
Je ne t'ai pas voulu dérober ta victime:
Immole avec courage au sang qu'il a perdu
Celui qui met sa gloire à l'avoir répandu.

Chimène

Ah! Rodrigue! il est vrai, quoique ton ennemie,
Je ne puis t'en vouloir d'avoir fui l'infamie...

... Tu n'as fait le devoir que d'un homme de bien;
Mais aussi, le faisant, tu m'as appris le mien...

,,,Hélas! ton intérêt ici me désespère.
Si quelque autre malheur m'avait ravi mon père,
Mon âme aurait trouvé dans le bien de te voir
L'unique allègement qu'elle eût pu recevoir;

Et contre ma douleur j'aurais senti des charmes
Quand une main si chère eût essuyé mes larmes.
Mais il me faut te perdre après l'avoir perdu;
Cet effort sur ma flamme à mon honneur est dû...

Rodrigue

Ne diffère donc plus ce que l'honneur t'ordonne:
Il demande ma tête, et je te l'abandonne;...

... Attendre après mon crime une lente justice,
C'est reculer ta gloire autant que ton supplice.
Je mourrai trop heureux mourant d'un coup si beau.

Chimène

Va, je suis ta partie, et non pas ton bourreau.
Si tu m'offres ta tête, est-ce à moi de la prendre?
Je la dois attaquer, mais tu dois la défendre.
C'est d'un autre que toi qu'il me faut l'obtenir,
Et je dois te poursuivre, et non pas te punir....

Rodrigue

...Au nom d'un père mort, ou de notre amitié,
Punis-moi par vengeance, ou du moins par pitié.
Ton malheureux amant aura bien moins de peine
A mourir de ta main qu'à vivre avec ta haine.

Chimène

Va, je ne te hais point...

... Malgré des feux si beaux qui troublent ma colère,
Je ferai mon possible à bien venger mon père;
Et malgré la rigueur d'un si cruel devoir,
Mon unique souhait est de ne rien pouvoir.

Acte IV Scène I

Chimène, Elvire

Chimène

N'est-ce point un faux bruit? le sais-tu bien Elvire?

Elvire

Vous ne croiriez jamais comme chacun l'admire,
Et porte jusqu'au ciel, d'une commune voix,
De ce jeune héros les glorieux exploits.
Les Maures devant lui n'ont paru qu'à leur honte;
Leur abord fut bien prompt, leur fuite encor plus prompte;
Trois heures de combat laissent à nos guerriers
Une victoire entière et deux rois prisonniers.
La valeur de leur chef ne trouvait point d'obstacles.

Chimène

Et la main de Rodrigue a fait tous ces miracles?

Elvire

De ses nobles efforts ces deux rois sont le prix;
Sa main les a vaincus, et sa main les a prix

Scène II

Chimène

...Chacun peut le vanter avec quelque justice,
Mais pour moi sa louange est un nouveau supplice.
On aigrit ma douleur en l'élevant si haut:
Je vois ce que je perds quand je vois ce qu'il vaut.
Ah! cruels déplaisirs à l'esprit d'une amante!
Plus j'apprends son mérite, et plus mon feu s'augmente;
Cependant mon devoir est toujours le plus fort,
Et malgré mon amour va poursuivre sa mort.

Acte IV Scène III

D. Fernand D. Diègue, D Arias, D. Rodrigue, D. Sanche

Don Fernand

Généreux héritier d'une illustre famille,
Qui fut toujours la gloire et l'appui de Castille...

...Le pays délivré d'un si rude ennemi,
Mon sceptre dans ma main par la tienne affermi,
Et les Maures défaits avant qu'en ces alarmes,
J'eusse pu donner ordre à repousser leurs armes,
Ne sont point des exploits qui laissent à ton roi
Le moyen ni l'espoir de s'acquitter vers toi.
Mais deux rois tes captifs feront ta récompense:
Ils t'on nommé tous deux leur Cid en ma présence.
Puisque Cid en leur langue est autant que seigneur,
Je ne t'envierai pas ce beau titre d'honneur.
Sois désormais le Cid: qu'à ce grand nom tout cède;

Qu'il comble d'épouvante et Grenade et Tolède...

Acte IV Scène V

D. Fernand, Chimène, Elvire

Chimène

Pour moi! mon ennemi! l'objet de ma colère!
L'auteur de mes malheurs! L'assassin de mon père!

... A tous vos cavaliers je demande sa tête;
Oui, qu'un d'eux me l'apporte, et je suis sa conquête;
Qu'ils le combattent, sire; et le combat fini,
J'épouse le vainqueur, si Rodrigue est puni...

D. Fernand

...L'opposer seul à tous serait trop d'injustice:
Il suffit qu'une fois il entre dans la lice.
Choisis qui tu voudras, Chimène, et choisis bien;
Mais après ce combat ne demande plus rien.

D. Diègue

...Après ce que Rodrigue a fait voir aujourd'hui,
Quel courage assez vain s'oserait prendre à lui?
Qui se hasarderait contre un tel adversaire?
Quel serait ce vaillant, ou bien ce téméraire?

D. Sanche

Faites ouvrir le champ: vous voyez l'assaillant;
C'est moi ce téméraire, ou plutôt ce vaillant.
Accordez cette grâce à l'ardeur qui me presse.
Madame, vous savez quelle est votre promesse.

D. Fernand

Chimène, remets-tu ta querelle en sa main?

Chimène

Sire, je l'ai promis...

D. Fernand

...Pour témoigner à tous qu'à regret je permets
Un sanglant procédé qui ne me plut jamais,
De moi ni de ma cour il n'aura la présence.
(il parle à D. Arias)
Vous seul des combattants jugerez la vaillance.
Ayez soin que tous deux fassent en gens de cœur,
Et, le combat fini, m'amener le vainqueur.
Qui qu'il soit, même prix est acquis à sa peine;
Je le veux de ma main présenter à Chimène.

Acte V Scéne I

Rodrigue, Chimène

Chimène

Quoi! Rodrigue en plein jour! D'où, te viens cette audace?
Va, tu me perds d'honneur; retire-toi de grâce.

Rodrigue

Je vais mourir, Madame, et vous viens en ce lieu,
Avant le coup mortel, dire un dernier adieu;
Cet immuable amour qui sous vos lois m'engage
N'ose accepter ma mort sans vous en faire hommage.

Chimène

Tu vas mourir!

Rodrigue

Je cours à ces heureux moments
Qui vont livrer ma vie à vos ressentiments.

Chimène

Tu vas mourir! Don Sanche est-il si redoutable
Qu'il donne l'épouvante à ce cœur indomptable?
Qui t'a rendu si faible? ou qui le rend si fort?
Rodrigue va combattre, et se croit déjà mort?
Celui qui n'a pas craint les Maures, ni mon père,
Va combattre Don Sanche et déjà désespère!
Ainsi donc au besoin ton courage s'abat?

Rodrigue

Je cours à mon supplice, et non pas au combat;
Et ma fidèle ardeur sait bien m'ôter l'envie,
Quand vous cherchez ma mort, de défendre ma vie....

Chimène

... Si jamais je t'aimai, cher Rodrigue, en revanche,
Défends-toi maintenant pour m'ôter à Don Sanche;
Combats pour m'affranchir d'une condition
Qui me donne à l'objet de mon aversion.
Te dirai-je encor plus? va, songe à ta défense,
Pour forcer mon devoir, pour m'imposer silence;
Et si tu sens pour moi ton cœur encore épris,
Sors vainqueur d'un combat dont Chimène est le prix.
Adieu: ce mot lâché me fait rougir de honte.

Rodrigue

Est-il quelque ennemi qu'à présent je ne dompte?
Paraissez, Navarrais, Maures et Castillans,
Et tout ce que l'Espagne a nourri de vaillants;
Unissez-vous ensemble, et faites une armée,
Pour combattre une main de la sorte animée:
Joignez tous vos efforts contre un espoir si doux;
Pour en venir à bout, c'est trop peu que de vous.

Acte V Scène V

D. Sanche, Chimène, Elvire

D. Sanche

Madame, à vos genoux j'apporte cette épée...

Chimène

Quoi! du sang de Rodrigue encor toute trempée?
Perfide, oses-tu te montrer à mes yeux,
Après m'avoir ôté ce que j'aimais le mieux?
Éclate, mon amour, tu n'as plus rien à craindre;
Ton père est satisfait, cesse de te contraindre;
Un même coup a mis ma gloire en sureté,
Mon âme au désespoir, ma flamme en liberté

Acte V Scène VI

D. Fernand, D. Diègue, D. Arias, D. Sanche, D. Alonse,
Chimène, Elvire

Elvire

Sire, il n'est plus besoin de vous dissimuler,
Ce que tous mes efforts ne vous ont pu celer.
J'aimais, vous l'avez su; mais, pour venger mon père,
J'ai bien voulu proscrire une tête si chère:
Votre majesté, sire, elle-même a pu voir
Comme j'ai fait céder mon amour au devoir.
Enfin Rodrigue est mort, et sa mort m'a changée
D'implacable ennemie en amante affligée.

D. Fernand

Chimène, sors d'erreur, ton amant n'est pas mort,
Et don Sanche vaincu t'a fait un faux rapport....

... Ma fille, il ne faut point rougir d'un si beau feu,
Ni chercher les moyens d'en faire un désaveu...

Ton père est satisfait, et c'était le venger
Que de mettre tant de fois ton Rodrigue en danger.

Acte V Scène VII

Les mêmes, plus l'infante, Léonor et Rodrigue

L'infante

Sèche tes pleurs, Chimène, et reçois sans tristesse
Ce généreux vainqueur des mains de ta princesse.

Rodrigue

Ne vous offensez point, sire, si devant vous
Un respect amoureux me jette à ses genoux...

... Si tout ce qui s'est fait est trop peu pour un père,
Dites par quels moyens il vous faut satisfaire...

... Si mon crime par là se peut enfin laver,
Je puis tout entreprendre, et puis tout achever.

Chimène

Relève-toi, Rodrigue. Il faut l'avouer, sire,
Je vous en ai trop dit pour m'en pouvoir dédire.
Rodrigue a des vertus que je ne puis haïr:
Et quand un roi commande, on lui doit obéir...

D. Fernand

Le temps assez souvent a rendu légitime
Ce qui semblait d'abord ne se pouvoir sans crime...

... Prends un an, si tu veux, pour essuyer tes larmes.
Rodrigue, cependant il faut prendre les armes.
Après avoir vaincu les Maures sur nos bords,
Renversé leurs desseins, repoussé leurs efforts,
Va jusqu'en leur pays leur reporter la guerre,
Commander mon armée, et ravager leur terre.
A ce nom seul de Cid ils trembleront d'effroi;
Ils t'ont nomme seigneur, et te voudront pour roi...

Rodrigue

...Pour posséder Chimène, et pour votre service,
Que peut-on m'ordonner que mon bras n'accomplisse?

D. Fernand

Espère en ton courage, espère en ma promesse;
Et possédant déjà le cœur de ta maîtresse,
Pour vaincre un point d'honneur qui combat contre toi,
Laisse faire le temps, ta vaillance et ton roi.

LA TIRADE DU NEZ

Le Vicomte

Vous...vous avez un nez...heu...un nez...très grand.

Cyrano

Très

Le Vicomte *riant*

Ha!

Cyrano, *imperturbable.*

C'est tout?...

Le Vicomte

Mais...

Cyrano

Ah! non! c'est un peu court jeune homme!
On pouvait dire... Oh! Dieu!... bien des choses en somme.
En variant le ton, - par exemple, tenez:
Agressif: "Moi, monsieur, si j'avais un tel nez,
Il faudrait sur le champ que l'on me l'amputasse!"
Amical: "Mais il doit tremper dans votre tasse:
Pour boire, faites-vous fabriquer un hanap!"

Descriptif: "c'est un roc!... c'est un pic!... c'est un cap!
Que dis-je, c'est un cap?... C'est une péninsule!"
Curieux: "De quoi sert cette oblongue capsule?
D'écritoire, monsieur ou de boîte à ciseaux?"
Gracieux: "Aimez-vous à ce point les oiseaux
Que paternellement vous vous préoccupâtes
De tendre ce perchoir à leurs petites pattes?"
Truculent: "Ça, monsieur, lorsque vous pétunez,
La vapeur du tabac vous sort-elle du nez
Sans qu'un voisin ne crie au feu de cheminée?"
Prévenant: "Gardez-vous, votre tête entraînée
Par ce poids, de tomber en avant sur le sol!"
Tendre: "Faites-lui faire une petit parasol
De peur que sa couleur au soleil ne se fane!"
Pédant: "L'animal seul qu'Aristophane
Appelle Hippocampéléphantocamélos
Dut avoir sous le front tant de chair sur tant d'os!"
Cavalier: "Quoi, l'ami, ce croc est à la mode?
Pour pendre son chapeau, c'est vraiment très commode!"
Emphatique: "Aucune vent ne peut, nez magistral,
T'enrhumer tout entier, excepté le mistral!"
Dramatique: "C'est la mer Rouge quand il saigne!"
Admiratif: "Pour un parfumeur, quelle enseigne!"
Lyrique: "Est-ce une conque, êtes-vous un triton?"
Naïf: "Ce monument, quand le visite-t-on?"
Respectueux: "Souffrez, monsieur, qu'on vous salue,
C'est là ce qui s'appelle avoir pignon sur rue!"
Campagnard: "Hé, ardé! C'est-y-un nez? Nanain!
C'est queuqu'navet géant ou ben queuqu'melon nain!"
Militaire: "Pointez contre cavalerie!"
Pratique: "Voulez-vous le mettre en loterie?
Assurément, monsieur, ce sera le gros lot!"
Enfin parodiant Pyrame en un sanglot:

"Le voilà donc ce nez qui des traits de son maître
A détruit l'harmonie! Il en rougit le traître!"
- Voilà ce qu'à peu près, mon cher, vous m'auriez dit
Si vous aviez un peu de lettres et d'esprit:
Mais d'esprit, ô le plus lamentable des êtres,
Vous n'en eûtes jamais un atome, et de lettres,
Vous n'avez que les trois qui forment le mot: sot!
Eussiez-vous eu, d'ailleurs, l'invention qu'il faut
Pour pouvoir là, devant ces nobles galeries,
Me servir toutes ces folles plaisanteries,
Que vous n'en eussiez pas articulé le quart
De la moitié du commencement d'une, car
Je me les sers moi-même avec assez de verve,
Mais je ne permets pas qu'un autre me les serve.

Edmond Rostand

APPENDICE E

QUELQUES FABLES DE LA FONTAINE

La grenouille qui voulait se faire aussi grosse qu'un bœuf

Une Grenouille vit un Bœuf
Qui lui sembla de bonne taille.
Elle, qui n'était pas grosse en tout comme un œuf,
Envieuse, s'étend, et s'enfle, et se travaille,
Pour égaler l'animal en grosseur;
Disant : " Regardez bien ma sœur :
Est-ce assez? Dites-moi; n'y suis-je point encore?
- Nenni – M'y voici? – Point du tout. – M'y voilà?
- Vous n'en approchez point." La chétive pécore
S'enfla si bien qu'elle creva.

Le monde est plein de gens qui ne sont pas plus sages :
Tout bourgeois veut bâtir comme les grands seigneurs.
Tout petit prince a des ambassadeurs.
Tout marquis veut avoir des pages.

Les Voleurs et l'Âne

Pour un âne enlevé deux voleurs se battaient :
L'un voulait le garder, l'autre le voulait vendre.
Tandis que coups de poing trottaient,
Et que nos champions cherchaient à se défendre,

Arrive un troisième larron
Qui saisit maître Aliboron.
L'âne, c'est quelquefois une pauvre province :
Les voleurs sont tel et tel prince,
Comme le Transylvain, le Turc, et le Hongrois.
Au lieu de deux, j'en ai rencontré trois :
Il est assez de cette marchandise.
De nul d'eux n'est souvent la province conquise :
Un quart voleur survient, qui les accorde net
En saisissant le Baudet.

Le Lion et le Rat

Il faut, autant qu'on peut, obliger tout le monde :
On a souvent besoin d'un plus petit que soi.
De cette vérité deux fables feront foi;
Tant la chose en preuves abonde.
Entre les pattes d'un Lion
Un Rat sortit de terre assez à l'étourdie.
Le roi des animaux, en cette occasion,
Montra ce qu'il était, et lui donna la vie.
Ce bienfait ne fut pas perdu.
Quelqu'un aurait-il jamais cru
Qu'un lion d'un rat eût affaire?
Cependant il advint qu'au sortir des forêts
Ce Lion fut pris dans des rets,
Dont ses rugissements ne le purent défaire.
Maître Rat accourut, et fit tant par ses dents
Qu'une maille rongée emporta tout l'ouvrage.

Patience et longueur de temps
Font plus que force ni que rage.

La Mort et le Bûcheron

Un pauvre Bûcheron, tout couvert de ramée,
Sous le poids du fagot aussi bien que des ans,
Gémissant et courbé, marchait à pas pesants,
Et tâchait de gagner sa chaumière enfumée.
Enfin, n'en pouvant plus d'effort et de douleur,
Il met bas son fagot, il songe à son malheur.
Quel plaisir a-t-il eu depuis qu'il est au monde?
En est-il un plus pauvre en la machine ronde?
Point de pain quelquefois, et jamais de repos.
Sa femme, ses enfants, les soldats, les impôts,
Les créanciers et la corvée
Lui font d'un malheureux la peinture achevée.
Il appelle la Mort. Elle vient sans tarder,
Lui demande ce qu'il faut faire.
" C'est, dit-il, afin de m'aider
À recharger ce bois; tu ne tarderas guère."

Le trépas vient tout guérir;
Mais ne bougeons d'où nous sommes :
Plutôt souffrir que mourir,
C'est la devise des hommes.

Le Chêne et le Roseau

Le Chêne un jour dit au Roseau :
" Vous avez bien sujet d'accuser la nature;
Un roitelet pour vous est un pesant fardeau;
Le moindre vent qui d'aventure
Vient rider la face de l'eau,
Vous oblige à baisser la tête;
Cependant que mon front, au Caucase pareil,
Non content d'arrêter les rayons du soleil,
Brave l'effort de la tempête.
Tout vous est aquilon, tout me semble zéphyr.
Encor si vous naissiez à l'abri du feuillage
Dont je couvre le voisinage,
Vous n'auriez pas tant à souffrir :
Je vous défendrais de l'orage;
Mais vous naissez le plus souvent
Sur les humides bords des royaumes du vent.
La Nature envers vous me semble bien injuste.
    -   Votre compassion, répond l'arbuste,
Part d'un bon naturel; mais quittez ce souci :
Les vents me sont moins qu'à vous redoutables,
Je plie, et ne romps pas. Vous avez jusqu'ici
Contre leurs coups épouvantables
Résisté sans courber le dos;
Mais attendons la fin." Comme il disait ces mots,
Du bout de l'horizon accourt avec furie
Le plus terrible des enfants
Que le Nord eût portés jusqu'alors dans ses flancs.
L'arbre tient bon; le Roseau plie.

Le vent redouble ses efforts
Et fait si bien qu'il déracine
Celui dont la tête au ciel était voisine
Et dont les pieds touchaient à l'empire des morts.

Le Lièvre et la Tortue

Rien ne sert de courir il faut partir à point.
Le Lièvre et la Tortue en sont le témoignage.
" Gageons, dit celle-ci, que vous n'atteindrez point
Sitôt que moi ce but. – Sitôt? Êtes vous sage?
Repartit l'animal léger.
Ma commère, il vous faut purger
Avec quatre grains d'ellébore.
-   Sage ou pas, je parie encore."
Ainsi fut fait, et de tous deux
On mit près des buts les enjeux:
Savoir quoi, ce n'est pas l'affaire,
Ni de quel juge l'on convint.
Notre Lièvre n'avait que quatre pas à faire,
J'entends de ceux qu'il fait lorsque, prêt d'être atteint,
Il s'éloigne des chiens, les renvoie aux calendes
Et leur fait arpenter les landes.
Ayant, dis-je, du temps de reste pour brouter,
Pour dormir, et pour écouter
D'où vient le vent, il laisse la Tortue
Aller son train de sénateur.
Elle part, elle s'évertue,
Elle se hâte avec lenteur.
Lui cependant méprise une telle victoire,
Tient la gageure pour peu de gloire,

Croit qu'il y va de son honneur
De partir tard. Il broute, il se repose,
Il s'amuse à toute autre chose
Qu'à la gageure. A la fin quand il vit
Que l'autre touchait au bout de la carrière,
Il partit comme un trait; mais les élans qu'il fit
Furent vains: la Tortue arriva la première.
" Eh bien! Lui cria-t-elle, avais-je pas raison?
De quoi sert votre vitesse?
Moi l'emporter! Et que serait-ce
Si vous portiez une maison?"

La Laitière et le pot au lait

Perrette, sur sa tête ayant un pot au lait
Bien posé sur un coussinet,
Prétendait arriver sans encombre à la ville.
Légère et court vêtue, elle allait à grands pas
Ayant mis ce jour là, pour être plus agile,
Cotillon simple et souliers plats.
Notre laitière ainsi troussée
Comptait déjà dans sa pensée
Tout le prix de son lait, en employait l'argent:
Achetait un cent d'œufs, faisait triple couvée:
La chose allait à bien par son soin diligent.
" Il m'est, disait-elle, facile
D'élever des poulets autour de ma maison;
Le renard sera bien habile
S'il ne m'en laisse assez pour avoir un cochon.
Le porc à s'engraisser coûtera peu de son;
Il était quand je l'eus, de grosseur raisonnable;

J'aurai, le revendant, de l'argent bel et bon.
Et qui m'empêchera de m'être en notre étable
Vu le prix dont il est, une vache et son veau,
Que je verrai sauter au milieu du troupeau?"
Perrette là-dessus saute aussi, transportée.
Le lait tombe; adieu veau, vache, cochon, couvée.
La dame de ces biens quittant d'un œil marri
Sa fortune ainsi répandue,
Va s'excuser à son mari,
En grand danger d'être battue.
Le récit en farce fut fait;
On l'appela le Pot au lait.

Quel esprit ne bat la campagne?
Qui ne fait châteaux en Espagne?...

Le Coq et le Renard

Sur la branche d'un arbre étoit en sentinelle
Un vieux Coq adroit et matois.
"Frère, dit un Renard, adoucissant la voix,
Nous ne sommes plus en querelle :
Paix générale cette fois.
Je viens de l'annoncer; descends, que je t'embrasse :
Ne me retarde point, de grâce;
Je dois faire aujourd'hui vingt postes sans manquer.
Les tiens et toi pouvez vaquer
Sans nulle crainte, à vos affaires;
Nous vous y servirons en frères.
Faites-en les feux dès ce soir.
Et cependant viens recevoir

Le baiser d'amour fraternelle.
- Ami, reprit le Coq, je ne pouvois jamais
Apprendre une plus douce et meilleure nouvelle
Que celle
De cette paix;
Et ce m'est une double joie
De la tenir de toi. Je vois deux lévriers,
Qui, je m'assure, sont courriers
Que pour ce sujet on envoie :
Ils vont vite, et seront dans un moment à nous.
Je descends: nous pourrons nous entre-baiser tous.
- Adieu, dit le Renard; ma traite est longue à faire :
Nous nous réjouirons du succès de l'affaire
Une autre fois." Le galand aussitôt
Tire ses grègues, gagne au haut,
Mal content de son stratagème;
Et notre vieux coq en soi-même
Se mit à rire de sa peur;
Car c'est double plaisir de tromper le trompeur.

Les deux Coqs

Deux Coqs vivaient en paix : une Poule survint,
Et voilà la guerre allumée.
Amour, tu perdis Troie; et c'est de toi que vint
Cette querelle envenimée,
Où du sang des Dieux mêmes on vit le Xanthe tint.
Longtemps entre nos Coqs le combat se maintint :
Le bruit s'en répandit par tout le voisinage.
La gent qui porte crête au spectacle accourut.
Plus d'une Hélène au beau plumage

Fut le prix du vainqueur; le vaincu disparut.
Il alla se cacher au fond de sa retraite,
Pleura sa gloire et ses amours,
Ses amours qu'un rival, tout fier de sa défaite
Possédait à ses yeux. Il voyait tous les jours
Cet objet rallumer sa haine et son courage.
Il aiguisait son bec, battait l'air et ses flancs,
Et s'exerçant contre les vents
S'armait d'une jalouse rage.
Il n'en eut pas besoin. Son vainqueur sur les toits
S'alla percher et chanter sa victoire.
Un Vautour entendit sa voix;
Adieu les amours et la gloire.
Tout cet orgueil périt entre les ongles du Vautour.
Enfin par un fatal retour
Son rival autour de la Poule
S'en revint faire le coquet :
Je laisse à penser quel caquet :
Car il eut des femmes en foule.
La fortune se plaît à faire de ces coups;
Tout vainqueur insolent à sa perte travaille.
Défions-nous du sort, et prenons garde à nous,
Après le gain d'une bataille.

Le Loup et le Chien

Un Loup n'avait que les os et la peau,
Tant les chiens faisaient bonne garde.
Ce Loup rencontre un Dogue aussi puissant que beau,
Gras, poli, qui s'était fourvoyé par mégarde.
L'attaquer, le mettre en quartiers,
Sire Loup l'eût fait volontiers;

Mais il fallait livrer bataille;
Et le mâtin était de taille
A se défendre hardiment.
Le Loup l'aborde donc humblement,
Entre en propos, et lui fait compliment
Sur son embonpoint, qu'il admire.
" Il ne tiendra qu'à vous, beau sire,
D'être aussi gros que moi, lui repartit le Chien.
Quittez vos bois, vous ferez bien :
Vos pareils y sont misérables,
Cancres, hères, et pauvres diables,
Dont la condition est de mourir de faim.
Car, quoi? rien d'assuré; point de franche lippée;
Tout à la pointe de l'épée,
Suivez-moi, vous aurez bien meilleur destin. "

Le Loup reprit : " Que me faudra-t-il faire?
Presque rien, dit le Chien, donner la chasse aux gens
Portant bâtons, et mendiants;
Flatter ceux du logis, à son maître complaire;
Moyennant quoi votre salaire
Sera force reliefs de toutes les façons,
Os de poulets, os de pigeons;
Sans parler de mainte caresse. "
Le Loup déjà se forge une félicité
Qui le fait pleurer de tendresse.
Chemin faisant, il vit le cou du Chien pelé.
"Qu'est-ce là? lui dit-il. – Rien. – Quoi rien?
- Peu de chose.
Mais encore? Le collier dont je suis attachée
De ce que vous voyez est peut-être la cause.
Attaché? Dit le Loup; vous ne courez donc pas
Où vous voulez? Pas toujours, mais qu'importe?

*- **Il** importe si bien, que de tous vos repas*
* **Je** ne veux en aucune sorte,*
* **Et** ne voudrais pas même à ce prix un trésor."*
* **Cela** dit, maître Loup s'enfuit, et court encor.*

Autre truc: A l'aide des premières lettres de chaque vers, se créer des mots et des phrases. Nous avons ainsi:

Un tant ce gras. La sir mais. Etalent. Surildeq. Voca doca. Tout sui. Leprepor. Flamoy. Sos (sauce) sale. Quicheq. Peumaide. Attaouil! Jet cela!

La jeune Veuve

* **La** perte d'un époux ne va pas sans soupirs;*
* **On** fait beaucoup de bruit, et puis on se console.*
* **Sur** les ailes du temps, la tristesse s'envole;*
*   **Le** temps ramène les plaisirs.*
*   **Entre** la Veuve d'une année*
*   **Et** la Veuve d'une journée*
* **La** différence est grande : on ne croirait jamais*
*   **Que** ce fût la même personne;*
* **L'une** fait fuir les gens, et l'autre a mille attraits :*
* **Aux** soupirs vrais ou faux, celle-là s'abandonne;*
* **C'**est toujours même note et pareil entretien.*
*   **On** dit qu'on est inconsolable :*
*   **On** le dit; il n'en est rien,*
* **Comme** on le verra par cette fable,*
*   **Ou** plutôt par la vérité.*
* **Le** mari d'une jeune beauté*
* **Par**tait pour l'autre monde. A ses côtés sa femme*
* **Lui** criait : " attends-moi, je te suis; et mon âme,*

Aussi bien que la tienne, est prête à s'envoler."
*Le m*ari fait seul le voyage.
*La b*elle avait un père, homme prudent et sage;
Il laissa le torrent couler.
A la fin, pour la consoler :
" *Ma f*ille, lui dit-il, c'est trop verser de larmes :
*Qu'*a besoin le défunt que vous noyiez vos charmes?
*Puis*qu'il est des vivants, ne songez plus aux morts.
Je ne dis pas que tout à l'heure
Une condition meilleure
Change en des noces ces transports;
Mais après certain temps souffrez qu'on vous propose
Un époux beau, bien fait, jeune, et toute autre chose
Que le défunt. – Ah! Dit-elle aussitôt,
Un cloître est l'époux qu'il me faut."
*Le p*ère laissa digérer la disgrâce.
Un mois de la sorte se passe;
*L'au*tre mois, on l'emploie à changer tous les jours
Quelque chose à l'habit, au linge, à la coiffure :
*Le d*euil enfin sert de parure,
En attendant d'autres atours,
Toute la bande des Amours
*Rev*ient au colombier; les jeux, les ris, la danse
Ont aussi leur tour à la fin :
On se plonge soir et matin
Dans la fontaine de Jouvence.
*Le p*ère ne craint plus ce défunt tant chéri;
Mais comme il ne parlait de rien à notre belle :
" *Où* donc est le jeune mari
Que vous m'avez promis?" dit-elle.

Employant toujours le même truc, nous avons:

Lapon Surlentre et laq. L'une au con. On com ou.
Lemparluiaussi. Lemlabil. Amaq. Puisjeunechange.
Maisunquun. Lepunl'auq. Led en tout. Revon on dans.
Lep mais ouq.

ANNEXE F

MOTS CORRESPONDANT AUX CHIFFRES

DE 1 À 99

DANS LA MÉTHODE CROCHET

zèbre	= 0
banane	= 1
charrue	= 2
drap	= 3
ferme	= 4
garderie	= 5
lait	= 6
meule	= 7
note	= 8
piano	= 9

10   bananier (ne pas changer)
11   bébé/ babouin/ biberon (b + b)
12   bacon/ Bic/ bac/ bocage (b + c)
13   bedon/ bidon/ bidet/ baudet (b + d)
14   buffle/ baffe   (b + f)
15   bagage/ bagagiste/ bague (b + g)
16   ballon/ balle/ bal/balançoire/ billet (b + l)
17   bambi/ bombe/ (b + m)
18   banc/ banquise/ banderole/ bandage/ bon de commande (b + n)
19   baptistère/ baptême   (b + p)

190

20   charretier (ne pas changer)
21   cabane/ cabine/ cabanon/ cabinet/ cube/
22   cacao/ cacahuète/ cocotier
23   caddy/ cadenas/ code civil/ cédule/ cidre/ codicille
24   café/ cafetière/ coffret
25   cagoule/ cigare/ cigarette/
26   calotte/ caleçon/ calendrier/calepin/ celeri/ cil/ colle/ cul/ culotte
27   caméra/ camériste/ campeur/ cime/ ciment/ comète/ cumin
28   canne/ canapé/ cinéma/ confit/
29   cap/ capuchon/ cèpe/ cyprès/ copeau

30   drapier (ne pas changer)
31   débutante/ débat/ doberman/ débiteur
32   décor/ dock
33   daddy/ dédale/ Diderot
34   Défense (la) / Dufy
35   dague/ dogue
36   dalle/ delta/ Dalai Lama
37   damier/ dame/ domaine/ dîme/ dôme
38   dandy/ dindon/
39   Depardieu/ diplôme/

40   fermier (ne pas changer)
41   fable/ fabrique/ fibre/
42   facteur/ faculté/
43   fidèle (priant)/
44   fifre
45   fagot/ figue/ figurine
46   falaise/ fil/ filet
47   femme/ fumée
48   fanfare/ Fanfan la tulipe
49   fopas, oops! faux pas (faut pas s'en faire!)

50	grutier (ne pas changer)
51	gibet/ gobelet
52	giclement/ giclée/ gauche/ gaucher
53	gade (poisson, type merlan) gadoue/ Gide/
54	gaffe/ gifle/ gouffre
55	gigue/ guigne/
56	galon/ galle/ gilet/
57	gomme/ gymnase
58	gant/ gens/ gin/
59	guêpe/ guêpier

60	laitier (ne pas changer)
61	laboratoire/ labrador/ libellule
62	lac/ lacet/ licou
63	lad/ ladre
64	lift/ loft
65	lagon/ ligue
66	lilas/ lilliputien/ Lille/ Lully
67	lame/ limette/ Lamartine
68	lange/ lin/ Longchamps
69	lapin/ lopin

70	Meunier (ne pas changer)
71	meuble/ mobile/ mobylette
72	macadam/ mec/ Mecque (La)
73	médecin/ modèle (top) / modèle d'avion
74	mafioso/ mufle/ mufti
75	magasin/ magazine/ mégaphone/ MIG/ muguet
76	malle/ mulet
77	maman/ mamelon/ mime/ momie
78	mandibule/ mine/ Monet
79	mappemonde/ Méphistophélès

80   notaire (ne pas changer)
81   Nabuchodonosor/ Nabucco (l'opéra)/ nébuleuse (galaxie)
82   nacre/ Necker
83   nid/ nœud
84   nef/ Nefertiti
85   nageur/ négoce/ neige
86   Nil/ Nellligan
87   Nîmes/ Nome (Alaska)
88   nain/ nonne
89   nappe/ nippe/ nippon

90   pianiste (ne pas changer)
91   pablum
92   pic/ pic-bois/ Packard
93   paddock/ pied
94   piffre/ pouf
95   pagaie/ pagette/ pugiliste
96   palette/ palomino/ pelle/ pile/ pôle
97   piment/ pomme
98   pin-up/ ping-pong/ pont
99   papa/ pope/papier/ pipe